给
青少年的
励志手册

疯狂阅读
CRAZY READING
青春励志馆①

正高三

主编 杜志建

当你拿到理想大学录取通知书的时候，

你会发现，那个夏天很有趣，

西瓜很甜，空调很凉，努力很值。

汕頭大學出版社

图书在版编目（CIP）数据

疯狂阅读．青春励志馆 1 正高三 / 杜志建主编．--
汕头：汕头大学出版社, 2025. 4. -- ISBN 978-7-5658-
5562-7

Ⅰ. G634.333

中国国家版本馆CIP数据核字第2025W4J716号

疯狂阅读

青春励志馆 1 正高三

FENGKUANG YUEDU

QINGCHUN LIZHIGUAN 1 ZHENG GAOSAN

主　　编：杜志建
责任编辑：蔡　瑶
责任技编：黄东生
封面设计：张　羽
封面绘图：张　羽
版面设计：沙　拉
出版发行：汕头大学出版社
　　　　　广东省汕头市大学路 243 号汕头大学校园内　　邮政编码：515063
电　　话：0754-82904613
印　　刷：河南瑞之光印刷股份有限公司
开　　本：787mm×1092mm　　1/16
印　　张：10
字　　数：280 千字
版　　次：2025 年 4 月第 1 版
印　　次：2025 年 4 月第 1 次印刷
定　　价：25.80 元
ISBN 978-7-5658-5562-7

声明

　　基于对知识和创作的尊重，本书向所选文章、图片的作者给予补贴。因条件所限未能及时联系的作者，我们在此深表歉意，当您看到本书时，请与我们联系，以便我们向您支付补贴和赠送样书。因篇幅有限，部分文章有删节，敬请谅解。

　　联系方式：0371-68698015

目 录

我爬到山顶，是为了看全世界

我们是比夏更热烈的篇章

远大前程，我自己挣

你应该知道的高效学习法

轻舟已过万重山

我爬到山顶，

是为了看全世界

十年一觉高考梦

✳ 陈谌

命运这个东西，真的让人难以捉摸，许多时候误打误撞，反而收获了最适合你的那个人生。

不知不觉距离我高考已经过去了十个年头。

像是一个遥远的梦境，那个懵懂的少年转眼就快到而立之年了。我已经很少会想起那段岁月，然而家里的一本高考前写了一整年的日记，却将我带回了那个恍若隔世的过去。

虽然我上的是重点高中，但我不能算是一个真正的好学生，我的成绩一直都徘徊在中上游水平，归根结底还是不怎么努力。

还记得高一时我物理成绩不错，但化学一直是我最怕的一门学科。文理分科前，我对自己说，如果最后一次化学考试我能及格，我就去学理科。然而满分150分最后我考了89分，拿到试卷时我仰天长叹，果然这是命运的安排，于是我不顾家里人和物理老师的反对，去了文科班。

高三的时候，我有了一点危机感，所以那一年我还算努力，觉得应该好好考个大学。可我这个人依旧是个喜欢偷懒的人，因为我觉得文科没必要大量刷题，就索性不做题了。我丢掉了历史、地理、政治几乎所有的辅导资料，只把课本拿出来翻来覆去地背，基本上考前两个月我已经把所有课本都背得差不多了。

我还有一个爱好，就是特别喜欢打羽毛球，有一次竟然逃了数学课和一个男生一起跑去羽毛球馆。要知道文科班本来男生就不多，少了两个简直太明显了。那天打完球回来发现数学老师一直站在门口等我俩，结果就是我俩被数学老师骂了个狗血淋头。

现在想来，倒不是我真的不想努力，而是因为压力太大，很多这样的小放纵让我觉得尤其快乐。作为一个"有点小聪明，有潜力，但成绩不稳定"的学生，必然会成为老师重点盯防的目标。

高考前省质检考试，我出人意料地考了全市第八名，着实让老师们很惊讶。虽然考得不错，但没有一个老师表扬我，而是轮番把我叫到办公室泼冷水。他们都觉得我这个人不能夸，有点小成绩一捧就飘得不知所以了，这样高考可能会考得很惨。不过我这个人心态一直都蛮好，倒没有把这些话放在心上。

转眼到了高考的日子，福州的六月非常热。记得那两天我没有过多的情绪，就好像在完成一个任务似的，独自骑车去考场，考完再骑车回家睡觉，不知不觉两天就这么过去了。

考完最后一门，我走出考场后一点也没有兴奋或是喜悦的感觉，苦笑着和同学们打着招呼说着话，走过一棵棵树，心中莫名有一种空落落的感觉。像是期待已久的一件事情，就这样落幕了，没有想象中那么庄严隆重，只有匆忙与喧嚣，像极了人生中每一场不期而遇与不告而别。

到家后，我坐在电脑前把答案对了一遍，估了一下分。我爸走进来问我大概能考多少，我信誓旦旦地说，差不多630分吧，他觉得我在开玩笑，就没理我。

高考结束后的日子并没有我想象中那么快乐，除了上网玩游戏、和同学们吃饭，更多的时间其实都被未知的恐惧与焦虑充斥着。好不容易熬到了出成绩的日子，我没有做过多的心理建设，迫不及待地打开网站输入了自己的信息，然后盯着成绩看了好长时间。

如果我没记错的话：语文115分，数学139分，英语129分，文综249分，总分632分，全省排名350。我看完后出来跟我爸说："你看我估分还挺准的，只差了两分还是少估的。"这个成绩后来被证实是全班第一，全校第几我没有印象，总之考得还算不错。

成绩出来后，我着实开心了很长一段时间，家里人也觉得挺有面子的，随之而来的是烦琐的志愿填报。还记得我高考那年应该是刚开始实行平行志愿政策，每个考生可以报四所学校，每个学校报六个专业。到了这种环节，有选择困难症的我就有点不知所措了，学校尚且有所了解，但专业如何选择真的一点头绪也没有。

现在想来那时候确实太年轻，盲目跟风选了经济学、会计学之类听起来很赚钱的专业，这也为后来的很多事情埋下了伏笔。

我一开始填报的学校分别是浙江大学、武汉大学、厦门大学和中山大学，如果按照最初的志愿，我将成为一名武汉大学的毕业生。然而在志愿填报截止之前，我在网上看了一个帖子，是关于厦大和武大的区别的，有个人跟帖说武大宿舍没有空调，厦大有。这让我有点恐慌，毕竟在福州这么热的地方待怕了，再让我去一个既热又没有空调的学校那还了得！于是，我在最后关头把厦大改到了第二志愿。

其实去厦大是蛮不错的，因为按照分数和排名来说，我可以选一个很好的专业，但我非常神经质地在第一专业志愿选了会计学。后来我才知道它的录取分数比浙大会计专业录取分还高，我的分数没达到，接着就要扣两分录取第二专业志愿，而我第二专业志愿填的是国际经济与贸易，后来发现这个专业录取分数是631分。

于是命运再次和我开了一个玩笑，我最

终被录取到了第六专业志愿英语专业。当初我填英语专业完全是为了凑数，因为文科的专业选择本来就很少，我填完五个经管类的专业觉得稳了，最后实在想不到填啥就闭着眼睛填了英语进去，没想到最后一路两分两分往下掉，误入桃花源。

录取结果出来的那天晚上，我坐在电脑前都蒙了，因为我已经完全不记得我报过英语专业了，当时我的心情和出成绩那天的心情形成了巨大的反差，我为此抑郁了很长一段时间。毕竟除了空调的原因，我选厦大主要是为了学一个更好的专业，不然我大可以去一个排名更靠前的学校学英语嘛。这个结果意味着我白考了20多分，厦大英语专业当年的录取分数只有610多分。

更何况，我对英语一点也不感兴趣。

之后的日子，我每天都在网上搜"厦大英语全国排名""厦大最好的专业是什么"之类的词条，然后懊悔得捶胸顿足。我安慰自己，没关系，虽然专业排名不算太好，但好好学英语，以后去外企工作，也算前途光明。

真正上了大学以后，所有的事情又往我的预期的相反方向发展着：英语专业学习压力不大，空闲时间超级多，这让我有机会去搞乐队搞社团还有写作，也让我有机会认识很多人，经历很多有趣的事。

此外，虽说会计学是学校最强的专业，但我了解了这个专业后，发现它并不适合我，我天生就不是一个做会计的料。这时候的我渐渐释然了，并接受了命运的安排。我开始喜欢上自己的专业，考过了专四、专八，感恩自己遇到的同学、室友，并享受自己的四年大学生活。

毕业后，我也没有像当初设想的那样去外企工作，而是去游戏公司做了一名游戏策划，后来辞职成了一名写作者。我的很多同学也都做了和专业不相关的工作，银行、保险、航空、教育……各行各业都有他们的身影。

回想起十年间的这一切，我感慨不已。高考真的很重要吗？确实重要，但高考也没有想象中那么重要，人生最重要的从来都不是考试和结果，而是选择与如何面对你的选择。

试想一下，假如当初我化学及格去了理科班呢？假如我好好写高考作文多考五六分呢？假如我没有在最后时刻改了志愿而去了武大呢？假如我真的学了会计专业呢？……或许今天的一切都会变得完全不同，也许在某些节点，我获得了阶段性的成功，但在某些节点，我也因为自己的盲目、幼稚和草率倍感挫折，不到最后，你永远也不知道这究竟是不是最好的安排。

命运这个东西，真的让人难以捉摸，许多时候误打误撞，反而收获了最适合你的那个人生。如果说高考教会了我什么，那就是无论何时，都要抱着一颗平常心去面对你的成败。只要生活在继续，没有什么事是大不了的，你曾获得的或是失去的，都是你的财富。

最后，愿你们最终都能活成自己梦想中的模样，无论你正经历着高考，还是高考早已是你曾经的勋章或伤疤。

对于大部分普通的小孩儿来说，高考一定是人生的第一个关口。

✳ 梁州

写给四年前高考结束后的自己

这两天高考出成绩，不少人让我聊一聊高考，想让我提供一些关于选专业和挑学校的建议。其实我一直都很清楚，我并不算是应试教育下"很会读书的小孩"。我不喜欢背书，也不喜欢做题——大概也正因为这样，大学四年我一直在不停地换工作、换赛道，不停地试错又从头再来，企图寻找属于自己的那条出路。

我的一些老读者应该知道，我本科学的专业既不是社会学，也不是中文，我学的是电影专业。高中时期，我曾经以为电影学院是我最想去的地方；导演、编剧，是我梦想中的职业。

但真正地进入我梦寐以求的学校以后，我发现学校已经形成的完备体系的电影制作更像是一种工业流程。电影学院并不培养艺术家，它培养的是一批熟知电影

创作技法的创作者。

这与我想象中的"电影工作者"完全不同。

——很多梦想在还只是梦想的时候，都只是自我想象的抽象的概念，当它被具体化以后，往往与自我的想象大相径庭。

这就是电影学院教会我的第一件事。

2019 年的冬天，我大一，还未真正进入电影行业，就开始尝试跳出这个"圈子"，去找其他的工作。那段时间，我每天都在各种求职软件上找工作。

对大一时候的我来说，认识到自己在过去几年里梦寐以求的工作其实只是自我的一种想象，是一件非常痛苦的事，因为这意味着我必须重新规划自己的人生路线。

去年高考出分的那两天，我的私信里有许多高考成绩不理想的读者问我："姐姐，你觉得高考重要吗？"——高考当然重要。人生本就是由无数个选择的节点构成的一条长长的轨道，对大部分普通的小孩儿来说，高考一定是人生的第一个关口。很多人毕业以后的工作，都是由他高考时所选择的学校与专业决定的。

但高考对现在的我来说，已经没那么重要了。

没那么重要的原因，是现在的我大概知道自己擅长什么，也知道以自己的能力可以胜任哪些工作。

但在最开始的时候，我其实完全不知道自己能做什么。

我相信很多刚开始求职的人，都会面临和我一样的困境：大学时学的专业在当下并不好就业，却又不知道自己能做什么去改变现状。

这样的状态通常会让人非常焦虑，因为你的前方没有清晰的目标，好像在黑夜里漫无目的地行走，却找不到任何一座可以指路的灯塔。

《维特根斯坦传》里有这样一句话，我一直很喜欢："如果他不能找到一个更好的地方，或下不了决心冒险彻底搬去（例如）另一个镇子，那么他就应该拆开箱子安定下来，无论那房间好不好。因为什么都胜过生活在等待状态中。"

"拆开箱子安定下来"，就是当时我在困境中往前走的第一步。

虽然已过去四年，但是我仍然记得自己当时的想法，我想，如果不能马上更换赛道，那么就选择一个中间值。因为我现在读的是电影专业，我所学的知识能为我提供的第一块敲门砖只能与电影有关，那

么，我就选择一个和电影相关，却又和其他行业接轨的职业，以此作为跳板。

所以，我大一上学期找的第一份工作，是在一个与电影相关的微信公众号写影评。

因为知道自己并不想留在电影行业，所以写影评的过程中，我一直在积极地寻找其他工作。那段时间我的邮箱里堆满了退稿信，我一边把自己写影评的经历作为一块敲门砖写入简历，一边开始尝试更多新的可能。

这些新的可能包括：除零散的约稿外，每天固定给一家娱乐营销号写一篇1500字上下的八卦类稿件，一个月3000块钱，31天就要写31篇，平均下来一篇文章到手不足100块钱；同时我还接了一个出版社的活儿，给他们写一本12万字的关于"晏几道传记"的书，两个月内交稿，稿费大概是两万块钱。

高峰期我经常一天写四五篇稿子，最多的时候一天能写两万字，同一个事件写出4篇视角不同内容不同的稿件是常态。

这样的日子，我大概过了两年。

这两年里，因为写的稿子越来越多，我也逐渐有了一些与电影行业无关的工作经历。

这些工作经历支撑着我有可能进入报社或大厂实习，能做一些我喜欢的媒体工作。但在这个过程中，我其实仍然十分迷茫，因为我感觉自己在被项目推着往前走，我仍然不知道自己到底想做什么。

过去我曾经说过，大学时期我和朋友一起合伙做过矩阵类的营销号，赚过一些快钱，但我并不喜欢追热点、写娱乐八卦新闻的日子，所以大三上学期，我开始转行，一方面从公司退股走人，另一方面从供职两年的娱乐营销号离职。

决定转行以后我做的第一件事，是去大厂实习。

投递简历、面试后，有两家大厂给了我offer（录取通知），其中一家给我开的薪资很丰厚，甚至是另一家公司给的薪资的五倍之多。但在当时，我做了一个让身边的朋友都非常吃惊的决定，我放弃了那家给我开高薪的公司，转而去了另一家做品牌相关的公司。

入职以前，我所选择的那家品牌公司的HR（人事专员）还很好奇地问我，她说她知道另一家公司给我开了一个很高的薪资，问我为什么最后会选择他们。

我回答她说："你看过我的简历，也知道我之前在做自媒体账号，如果我想挣快钱，我就不会退股了。比起赚钱，我现在更想进一家好的公司，学一些我感兴趣的东西。"

我当时的想法其实也很简单：一是因为我没有坐过班，一直是一个人想选题、一个人写稿，但一个人和一支团队始终是不同的，所以我想进入一家已经形成了完备体系、有了成熟的工作流程的大厂工作学习；二是因为我想转到市场营销方向，做营销策划，所以我必须进入一个好的平台，才有可能接触更多更好的资源。

大学这四年，我做过十几份工作，也赚到了一些钱。但其实站在今天回头望，你问我能给四年前的自己，也是刚刚高考结束的你们什么建议，我其实很难给出一个确定的回答。

如果带着四年后的记忆重来一次，我还会选择电影学院吗？

我想，我还是会的。

因为你只有真正走进象牙塔，才能知晓你向往的到底是象牙塔，还是象牙塔给予你的一种想象。也正是因为我自己走过许多弯路，试过很多次错，所以我才知道，"人生是旷野，不是轨道"这句话太轻，也太空了。

人生的确是旷野，但恰恰因为它是旷野，所以才令人感到彷徨与无助，因为大多数人无法承担在旷野里蒙头乱撞的试错成本。大多数普通人的人生，每一个做选择的阶段，都像是在扣锁扣。升学、毕业、工作，任何一个搭扣搭得不那么顺利，代价都是巨大的。

这种不可承受的巨大的代价带来的负担，压在肩上，使我们畏惧等待。

过去读尼采的"永劫回归"，他在他的设想里假定自己能够带着向前走的记忆无限循环地回到过去，他在重复里寻找意义，并将这一切称为永劫回归。

他说，他愿意无穷次地重复那样的生活。

尼采之所以笃定自己愿意无穷次地在痛苦中重复，正是因为人生中存在的"可能"的意义。

在无限多的时间里，一切的可能都会发生。那些在这一刻会影响你的人生的选择，在无限多的时间里，已经发生过了。这一刻的你做出的选择，你因为做出的所谓错误的选择而所经受的痛苦，在无穷的时间里都已经发生过了。

你所能想象到的一切的可能，关于人生的一切，在无限多的世界里，都已经发生过了，且还会再次发生。

尼采的永劫回归实验，一直是我自高中开始阅读哲学书籍以来最喜欢的思维实验，因为它教会我重复与回看的意义——

把人生的进程拉得长一点、再长一点，直到此刻错误的选择被投入生命的长河，成为日后推开某扇成功大门的前奏。

因为时间永远分叉，在推开时间迷宫的镜门以前，你永远不知道这一扇门的背后是什么。所以我们能做的，唯有在时间的长河里放手一搏与等待。

等待那个名为"幸运"，实则是由无数个在当下以为是失败，却在未来指向成功的时刻的到来。

高考之于我们，到底意味着什么

✽ 艾润

不管是高考，还是人生，最差不过一路告别一路失望，可失望过后也会有希望，告别之后也会有新生。

表妹考上了研究生，打电话给我报喜，语气里是难掩的激动。

她说："姐姐，你不是想要去海边城市吗？我要在这样的城市待三年呢，你可以来找我玩。"

我一边开心地满口应下，一边在心里琢磨着那个对海边城市的向往是什么时候诞生的。

之所以有这样一个想法，是因为高三那年我心心念念要考的大学就在那样的城市里。我心目中它一定是临海而立，风满时能鼓动一袖春光，而我，一定可以在海水拍击海岸的时候，打捞起不灭的梦想。

年少的时候，谈梦想是完全不庸俗的事情，并且还特喜欢为梦想建造一个依托。就像，我其实是想去某所大学，觉得因为有了海的衬托，这所大学就似乎多了层神秘感，从而让我的梦想更加熠熠生辉。

作为一个在北方长大，从来没见过海的人。那座沿海城市的大学，成了我心中通往未来的秘密通道。

可惜的是，我到底也没有能够穿过这条秘密通道。

不但没有通过，连在门口徘徊的资格都没有。

那一年高考，我的成绩差到羞于向人提起。

我在家里鼓足勇气跟爸妈讨价还价，虽然羞愧的我好像并不具备这样的资格。但还是梗着脖子，好像脾气硬一点，就能掩饰内心的脆弱。

我一会儿说我要去读技校，一会儿说我要去打工。爸妈却反反复复只有一句话，"你必须去复读"。我说我不去，转身就躲在房间里哭。

我并不是真的不想复读。只是不知

道如何面对那样难堪的分数，那和我一贯的成绩不符。我甚至想我可能是不适合高考的，否则为什么明明每次月考的成绩都不错，却在面对高考试卷的时候溃不成军呢？我更害怕，一旦复读的结果也不好，我还有没有勇气面对爸妈、面对我自己。

最后决定去复读，是因为爸爸。他不再强制性要求我去复读，也不对我说他是为我好这样的话。他只是抱着学校发的那本报考指南。那么厚的一本书，我都懒得翻。可爸爸每天都在翻看，从早到晚，认认真真研究每一个专业，询问从事教育行业的亲戚。

他说："上哪一类的学校都好，只要可以收到录取通知书。但你不可以不读书，你才18岁，你不知道未来还有多长。如果停在这里，你有可能就会一直停在这里了。你现在可能还不明白这样的选择对未来的那个你，是多么不负责任。"

爸爸垂着头，坐在那里，翻着册子。有时候招手问我："你来看看，这个学校怎么样，你不是喜欢英语吗？读英语专业好不好？"

我突然就绷不住了。我低着头，瓮声瓮气地说："爸爸，我去复读。"

还有半句话，卡在嗓子眼里没说出来的是，对不起，谢谢你。

对不起，不能成为你们的骄傲，还让你们操碎了心。谢谢你，包容我的肆无忌惮和不懂事。

8月份去复读，夏天还热得理直气壮。能容纳一百人的复读班里，黑压压的全是人。桌子上的习题集，像是长了一双双深不可测的眼睛。

如果还有比高三更惶恐的时光，那一定是高四。

我自己选择了最后一排靠近角落的位置，旁边是空的。好像那样才不会被打扰。就那样带着惶恐，重复着我的一日又一日。

一个月后，我有了同桌。她架着一副大眼镜，来的那天，背着一个巨大的书包，周身写满了俩字：严肃。我想跟她打招呼的心立马有点受惊，不动声色地把我的书往里面挪了下，以便于能给她腾出足够空间。

谁知她竟然发现了，挠了挠头，说："不用，不用，我可以放在桌子底下。"她指了指我们桌子下面的踏板，露出开怀的笑。

就是那个笑容，让我觉得这姑娘一定和我不一样，她是心甘情愿来复读的。据我观察，心甘情愿来复读的人一般会具备这样的特质，就是上一次高考成绩很不错，但是因为没有考进自己心仪的学校，故而打算二战。

所以，我试探着问了她的成绩，以为会得到一个让我惊讶的数字。可这次，她有点不好意思地笑了下，说："其实，我中途退学了，因为没考上好大学，就出去打工了。后来又想读书，干脆又回来了。"

她没有再说下去。

可接下来她所有的勤奋都在诉说着对重返校园的感恩。因为有一年没读书，落下的课程比较多，她每天都要花费比我们更多的时间。晚上不舍得睡觉，早上早早起床。有了那样一个勤奋的同桌做参照，我也更加用心起来。

那一年，留给我唯一的印象，就是试卷，成沓的试卷。数学老师走到我身边的时候会顺道帮我解道题，英语老师会问下我昨天的试卷有没有写完。还有同桌那一双每天6小时睡眠还能神采奕奕的眼睛。

第二次高考结束后，我问同桌："你到底是怎么做到那么有精神气的。"她说："因为我试过，在工厂工作的时候，每天连续站十几个小时。那时候，我问我自己，这就是我以后的人生了？所有人都说高考不是唯一的出路，我也这么觉得。可后来我才意识到高考不是唯一的出路的意思是，在高考之外，你已经修好了更好的路。可惜，我并没有。就那么慌慌张张地一脚踏出去，才发现外面的世界，根本没给我双脚落地的机会。"

那是我第二次领略到她的严肃。

我们两个站在空荡荡的操场上，谁都没有再说话。

我想起爸爸对我说过的话，只是想要让你有更多的选择。大概就是这样的意思。

那一年，我和同桌，终于收到了迟到的大学录取通知书。虽然我的依旧不是我向往的沿海城市里的大学，她的也不是她刻在书桌右侧的北京的大学。

但重要的是，我们真正懂得了为自己做选择的意思。不是孤注一掷，丝毫不忌惮未来，而是心有所盼，能为所盼真真正正去勇敢。

读大学的时候，我特意去了我向往的那所学校。在校门口拍了张照片。周围是来来往往的学生，他们的脸上带着熟知周边事物的云淡风轻。

而我，像个局外人，充满了好奇。绕着校园走了一圈又一圈，恨不得记下每一个建筑物的名字。同行的朋友问："你喜欢这个学校啊？"

我点点头，又摇摇头。确切地说，不只是喜欢那么简单，一如当年的那个我，向往的不仅仅是一所大学和一片海，还有更多更多的未知。而如今的我，已经有了足够的勇敢去探索每一个未知，剩下的就只有释怀。

我们对一种东西生出渴望，往往是因为它遥不可及。

我们对一个选择生出胆怯，往往是因为害怕承担结果。

可当你勇敢踏出去的时候，会突然发现，渴望完全可以化为有动力的愿望。而选择，也不过是人生众多选择中的一项，你需要的只是直面它。

所以，后来当我遇到一些读者向我诉说不知该如何面对、如何选择的时候，我都会把当年我爸爸对我说的话告诉他们：千万不要让你的选择成为你停在这里的枷锁，你明明可以成为一把钥匙，为自己开锁，何不继续向前呢？

不管是高考，还是人生，最差不过一路告别一路失望，可失望过后也会有希望，告别之后也会有新生。

谁又不是勇敢地面对一切未知呢？

亲爱的，你要走，不要停。

高三那年，倘若有人 叫醒 我

✱丸九小圆

一直到高考结束，我仍然没有意识到自己错过了什么。

整个高中，我都在逃离学校，扯谎请假，犯错停课……仿佛只要在这所学校待着就会浑身难受。

高考出成绩那天，我躺在床上刷手机，要不是看到热搜，我甚至都忘了那天要查分，反正对我来说，查不查都一样。

意料之中，我没有大学可上。

于是我开始工作赚钱，养活自己。

我找到一家连锁摄影基地，应聘摄影师的助理，第一天出外景就累得半死。

上学的时候，我连做值日都很敷衍，垃圾桶太沉了就将垃圾倒在卫生区等保洁阿姨收，为此保洁阿姨向班主任告了我无数次状；但现在，三四十斤的设备我要背两套，还得在复古城堡的楼梯上爬上爬下，就为了选一个顾客满意的角度。

我很好学，无论是前期构图还是后期修图都认真听，甚至觉得如果不用上高中的话，自己早就能当摄影师了，还一腔热血地跑去问招我的姐姐，什么时候我能跟李哥一样升为主摄。

姐姐笑了笑，说："你应该不行，咱们主摄的招聘要求是本科以上，李哥可是中央美术学院摄影专业毕业的呀！"

我不理解，问她："不该是谁拍得好谁就是主摄吗？"

姐姐好笑地反问我："所以你觉得没有任何专业背景的你，拍出来的照片会比师从艺术家的李哥更好？"

我语塞，没多久就辞掉了这份辛苦且没有什么前途的工作。

后来，我又应聘了很多岗位，我做酒店前台，可要升主管时，他们毫不犹豫地选择了比我晚来许久的酒店管理专业的大学生；我报班学了电商运营，但屡屡碰壁，几个应聘的网店都招了传媒学校的毕业生……

表姐大学毕业，对着几份体面工作挑挑拣拣，作为旁观者的我终于后知后觉地意识到，我曾以为的那无关紧要的一纸文凭，是我浪费了学习光阴的后遗症，是我失去的许多机会的敲门砖。

虽然时光不能倒流，但人也不能将错就错地停留在原地。

我找了一个辅导班，为来年的成人高考做准备，白天打工，晚上听课，一步一步地，去翻越那座被称作高三的山，直到再次追上错失很久的明亮的曙光。

曾经
遥不可及，
就是
此时此刻

❋ 牧牧

人在低谷的时候，更容易破罐破摔，下沉是不费力的，一直沉到不能再沉的谷底，不就没什么关系了吗？

我曾经以为自己过不去高三这年了。

高三之前，我一直读的是父母单位的子弟学校，人不多，竞争压力小，连晚自习都没上过，到了高三那一年学校出了点事，爸爸怕耽误我学习，把我送到了衡水的一所高中。

这所高中甚至还不是最出名的那所，但也足够让人闻风丧胆。

网上说人类擅长忘记痛苦，应该是有道理的，那年严格遵守的细致到分钟时间表，我现在只剩一个模糊的印象，靠着夹在笔记本里，皱皱巴巴泛黄的那页纸，才回想起凌晨五点四十宿舍响的起床铃尖锐刺耳的声音，和眼睛都没睁开就摸上了枕头边的眼镜的动作。

二十分钟后，校园开始沸腾。前一秒还笼罩在浓黑夜色中的操场响起跑操的广播，操场四角的四枚大探照灯"唰"地亮起，靠近男女生宿舍的两个门被执勤老师打开，灌入一粒粒小羊般的学生，简短的混乱嘈杂后，重组成豆腐块，在红炭火银白烤架上缓慢地移动。

可以想象到沉重重叠的脚步声把操场栏杆外野蛮生长的荒芜杂草上凝结的晨露震落；可以想象到如果没有

探照灯强烈的光照，仰头就能看到城市上空稀疏却闪烁的星辰。但，这些在我的高三生活中都只能想象不能光明正大地看，因为即便是在跑完操等校长批评每一个班迟到了几个人的这段时间里，也必须拿出兜里揣的缩印的英文单词表或化学方程式来背，如果被老师发现你的眼神乱飘，大概率你要趁着早自习抄两遍手里的缩印资料。

还有，跑完操要立刻回班上早自习，然后才能去吃早饭。这个早自习上多久，我是真的不太记得了。

第一次月考成绩单发下来，密密麻麻六十个人名，我排在中间靠下的第四十二位，语数英常规发挥，物理生物也马马虎虎，唯一让人泄气的是化学。

我中考化学是满分，高一开始考不到九十分，高二期末考试考了七十几分，而这次月考化学竟然不及格。但比起对自己成绩的担忧，另一种羞愧让我不敢抬头。

在升学第一天，老师买了个手机袋一样的挂兜，让我们把梦想中的学校和理想专业写在字条里然后叠起来，放在属于自己的那一格。而现在，写着南京师范大学学科化学的字条，就挂在教室后黑板那嘲笑地看着我。

化学不及格，别说教化学了，连考上南京师范大学都是个泡影。

我坐在座位上，用红笔改答题卡：这个化学式都知道它在课本哪一页哪个位置，只是考前懒得看了；这个浓度计算其实式子没列错，只是计算出了差池；这道

题交完卷子在食堂吃饭的时候思路的灵感就来了，也不能算完全不会吧？

我给自己找遍了理由，但内心深处的那个声音愈加清晰：太糟糕了，高三了，别人都在进步，而你在退步。

人在低谷的时候，更容易破罐破摔，下沉是不费力的，一直沉到不能再沉的谷底，不就没什么关系了吗？

我无所谓地过着日复一日的生活，跑操也跟着跑，一天十几个小时的教室板凳也跟着坐，只不过大家齐声朗读背诵的时候我支支吾吾，发现上课不小心走神我也纵容自己。

第二次月考，我退步到了五十多名。

月考完是一月一次的放假，我这段时间放松得很，导致逃离学校这件事也不是那么急迫，收拾完东西往楼下走，走到一半想起手表还落在课桌抽屉里，又不得不返回教室。

校园里已经没什么人了，阳光被寂静渲染得有些伤感，明年这时候，我就不会再爬这些楼梯。但是明年的我又会走到哪儿呢？

就这么东想西想，推开教室门，毫无防备地看见我们班里一个男生坐在窗台上，大敞着的窗户，十月的北方已经开始发冷的风因为开门产生的对流，吹掉了一本薄薄的草稿纸，掉在刚拖完的地上。

跟男生对视的那一刻我脑子里想了很多，一些极端行为的新闻，一些刑侦小说里的谈判技巧，但最后我只是强装镇定地说："嗨，你先下来行吗？"

他愣了愣，很顺从地跳下窗台，随便找了个靠窗的位置，坐下开始看书。

我有点尴尬，从桌斗里摸出手表，走到门口看他还没要走的意思，便又转过身问："你在等家长吗？你去哪儿啊？我让我爸爸捎你回去吧。"

他笑了笑："没事儿我就坐会儿，我不跳下去。"

"哦。"看他挑明，情绪也很稳定，我就离开了。

三天假期结束，我重返学校，习惯性地把卷子塞进桌斗，却意外地摸出一条脆香米。直觉是他给的，但不好意思问，我还怕老师抓到我有零食，问我哪儿来的我说不清楚，于是赶紧吃了。

不知道是不是那一个月的放松安抚了我的紧张情绪，又或者经过两个月，我彻底适应了这边挤不出水来的紧密行程，回来之后我似乎又能学进去了：上课很少走神，不会做的题也能静下心跟着答案的思路学会。整颗心不那么紧绷，很随意地度过每一天。

高考而已，那是一场很重要的考试不错，但也没什么了不起的，上不了南京师范大学，总能上南京其他学校吧。这样的慰藉似乎比第一次月考后的成绩落差更让我心平气和。

等到期末考试的时候，我的成绩罕见地提升到了班里第十七名！

放寒假收拾行李，从宿舍出来正好看见班主任，她招招手叫我过去："小丫头最近这段时间挺踏实的，继续保持，寒假也别玩疯了，坚持到高考，南京师范大学对你来说不是问题。"

"啊？老师你看了呀？"我有点被点破秘密的手足无措，但现在成绩没那时候那么差，倒也不至于太羞愧。

我忽然明白了从小到大老师们说的"踏实"是什么意思：按部就班，不急不躁，既不会因为一时一刻的退步而慌张恐惧，也不会得意扬扬于一星半点的进步。只需要走好下一步、每一步，就行了。

高三下半学期，时间过得飞快，其实不是时间快了，而是我太重视它了，总觉得时间不够，这其实又是有点浮躁的表现——时间的流速哪里会有变化呢？它稳稳地穿梭在雪花般的卷子里，被分割成四十五分钟的课堂和一个半小时的考试。

高考那天下了雨，风就变成了水色的河流，簌簌的雨声让夏季、青春和高考这三个词在记忆中留下了深刻的潮湿，我在去教室的路上多站了一会儿，算是弥补三百多天步履匆匆错失的休息，然后手里就被从后边超过我的那个人塞了一条巧克力。

没有如果考得不理想的恐慌，没有考完就能解放的招摇，我坐在安静的考场上，感觉那份考卷的字迹，比我高三这一年做过的任何一套卷子都清晰。

9月3日，我如愿地拖着行李箱从出站口撞入玄武湖的景色里。曾经以为过不去的高三变成了过去，曾经在脑海里想象的不知会不会实现的故事，就是此时此刻即将要发生的，我无尽的未来。

要跑起来，
也可以停一停

✳田密

我有个在网络的小小一隅安放心情的习惯。

前不久一时兴起，翻看之前藏在五个不同的软件里的吐槽段子、文字日记、声音日记。这么多不同的资料，拼凑出了当时的我。

那是一个有着什么形象的女生呢？我听着哭得喘不过气来的声音日记，突然开始思考这个问题。我想那是一个矛盾的、外表温和实际上内里尖锐的女孩。不论是少年时的"为赋新词强说愁"，还是在暗无天日的压抑生活中挣扎，抑或是在温水煮青蛙的生活中煎熬，最终都归结于"痛苦"二字。当我得出这个结论时，现在的我几乎有点怀疑那个痛苦的人是我自己，难以置信那个时候的我居然那么难过。

可是在那些故事里重新走一遍，我又能理解当时的女孩究竟在想什么。

我高中是在一个高考大省的普通高中就读。这是个什么概念呢？大抵就是学校十五年才出一个考上北大的；大抵就是学校老师会对学生多方面抓得很严，学生很少有自由时间；大抵就是每一个在这里读书的学生，学习成绩或好或坏，都全然没

有重点高中的学生们的自豪感。

高三时，每天五点五十分我们会在操场跑早操，从开始到结束，会目睹天光渐亮的过程，我常常觉得我们是从天黑跑到天亮，是一件既悲壮又充满美感的事情。

跑操结束后，要被教导主任的"鹰眼"监督着从操场跑回班级。

老师总是觉得我们就是太爱玩闹所以成绩很差，为了我们的前途，他每天下课来监督我们，课间不允许我们出去玩。玩闹的放松时间被用来机械地复读"abandoned"。

在命运的十字路口，老师甚至比我们还要紧张，每周一的班会课会反复播放"毛坦厂复读""衡中模式"，希望看完这些励志鸡汤，就会多一个人"醒悟"。与此同时，他常常把舍去晚上吃饭时间用来学习的同学作为典型来夸奖，崇尚"狼性文化"，希望每个人都有竞争精神，可是我们这些十几岁的孩子常常因此觉得奇怪：不过是书本纸面上的简单学习，为什么非要弄成刀口舐血的厮杀呢？

我们心里对老师不满，其实我们也知道，他也很累。

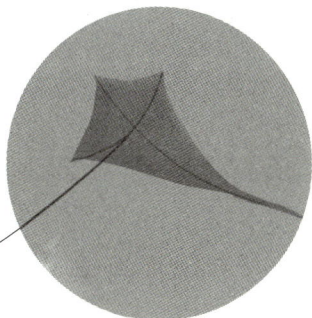

高考结束，好像人生一下子就变得顺遂了。

某个平常又不凡的清晨，跑操的喊口号项目结束后，班主任说："再坚持坚持，还有九十天就过年了。过年了咱们就都能休息了，你们休息，我也可以回家看看了。"我当时距离他不过两米，我清晰地看见这个不苟言笑的瘦削男人眼圈泛起红色。

温情又悲伤。

那段时光里，月考之后有女孩躲在隔壁的空教室里，在被黑暗包裹的环境中小声啜泣。在走廊有男孩对着窗外大喊："我也想上清华，可清华不要我啊！"我也不知道为什么，总是在教室无征兆地掉下眼泪。

但是高考结束，好像人生一下子就变得顺遂了。

从北方的高考大省逃离，来到教育资源不太发达，甚至有点偏僻的省份，突然发现，生活也可以不用被功利的世界催着跑起来。

和我们来去匆匆的脚步不同，这里的人们的生活大概是西山大桥上的大爷吹起萨克斯，桥的对角，一对与他并不相识的中年夫妻在旋律中翩翩起舞；大概是小情侣手牵手在公园慢慢踱步，速度和频率正好和正在飘落的樱花吻合；大概是街头歌手拖着音响，随手拿起话筒，就站定歌唱。

我的生活也从抓住上厕所的时间背两个英语单词，变成了周末可以选择坐着公交车到处看看这个城市的样子。

我有时间在放学后去看业余乐队的比赛，为唱着《日不落》的害羞女高中生乐队欢呼。我有机会参加市里举办的演讲比赛，不会像以前因为担心影响考试成绩而不敢参加。我可以在毕业的学生干部欢送会上被一起工作四年的朋友们善意地糊上一脸蛋糕。为了庆祝生日也可以坐上高铁，去附近的城市来一场说走就走的旅行，听一场连乐队名字都不知道的现场演出。

我变得开心起来，同时莫名其妙掉眼泪的毛病也不知不觉地被治愈了。

要说高考给我带来最大的影响，一定不是人生有了"好的铺路砖"，而是理解了少年人肯定是脆弱的，他昨天还是个孩子，今天就被要求成为大人，因而糊涂又痛苦；一定不是"上了大学就轻松了"，而是有机会看到另一种生活方式，从封闭的没有选择的环境里跳出来；一定不是完全摒弃"精英式成长"，而是明白了要跑起来，但是也可以追求自己喜欢的东西，可以在半路休息一下，允许自己不坚强，允许自己停一停，允许自己和世界打个平手，学会和生活和解。

所幸前方有光亮

✻ 宁不情

我曾经历过一段那样无望的时光。

高三时，学校重新设立了重点班，由于我前两年在普通班的成绩还算出色，便被分到了这个传说中的精英班。新的班级里就我一个外来户，其他同学三年来一直就是一个整体，在踏入这个教室的第一天，我就强烈地感到自己是被孤立在外的。

那一整个学期，全班只有我没有同桌，却突兀地被安排在教室的正中央，一个让我连想想都会尴尬的位置。

而最重要的，在那之后，我每一次的成绩都是倒数。

我曾引以为傲的数学早就不再是我的骄傲，它属于班里更为优秀的同学，而我一次次不争气地考出历史最低分。新的数学老师跟我说的第一句话就是："周老师跟我说过你成绩不错，怎么这次还没考好，都这么长时间了，还没适应环境？"

是真的不适应那样的环境，老师问题还没问完同学们的答案就出来了，自习课时全是翻书写字的声音，课间也是一片鸦雀无声，他们就像一群超人，不用休息也不需要时间放松，甚至在寝室听到有人做梦还在背政治。

我变得不敢大声回答问题，不会的题也不敢问，怕话一出口就会被同学嘲笑。很快我就发现，每一门学科，都成了我的死穴，因为这个班里永远会有人把我碾压。

我不止一次要求班主任调班，每一次都没有结果。

所以，我很快就选择了不去上课。我受不了这个死气沉沉的班级，也受不了一群成天就知道背书的书呆子，我不要跟他们一样，也不要我孤单时连个说话的朋友都没有，这样的人生还有什么乐趣？

我对学校称在家养病，在家骗父母说在学校里不能安心学习，竟然就这样吊儿郎当地混了几十天。其实那几十天，我过得一点都不开心，只因我比任何人都清楚，真正的症结在哪。

说到底，是自己放不下曾经拥有的光环，接受不了这样大的落差，却不愿意努力。除了抱怨，便以压力大为自己开脱，知道自身才华已经配不上梦想，便开始在脑海里预演一出出自己如何成功，做着一场场白日梦，妄想能笑着凯旋。

梦醒了，便懦弱地选择逃避。

上学年过去时，我回去参加了期末考试，我依然是倒数，年级里的名次较之以前，却是退了几十个名次。那是我第一次考出那么差的成绩，也是我头一回觉得，我足够幸运。在懒了那么多天，在落下那么多课程之后，成绩还保持在整个年级的中上游。

而危机就是如果再继续沉沦下去，便会被彻底击垮。

那时我唯一的想法，便是要伸手摘下仰望许久的月亮，不要再做陪衬的星辰。

似乎有些高不可攀，但谁说它没有被实现的可能性呢？

那个寒假我把时间安排得很紧凑，每天都拿出十几个小时的时间把半年没有学习和复习的功课补回来。对着越来越复杂的函数和几何图形抓耳挠腮，一头钻进文综课本里，不停地背，我几乎成了以前自己最不喜欢的书呆子。

结果却不尽如人意，我的知识沉淀相比勤奋努力的同学，差距仍不容小觑。

虽然这个距离已经在不断地缩短又缩短，可就像一张100分的卷子，我考了99分，人家考了100分，不是因为我们只有1分的差距，是因为我只能考到99分，而对别人来说，是试卷只有100分。

比你优秀的人比你还努力，你还能再说出放弃吗？

人不能重复踏进同一条河流，我也不能在同一件事情上跌倒两次。

那之后直到高考的时间里，我几乎没有放松过一天，每天都是踩在钢丝线上行走，脚下就是万丈深渊，我从不敢低头去看，就怕自己会忍不住放弃。很多人说，你歇一下吧，这个时候成绩已经很难有进步的空间了，还这么拼。也有人开我玩笑说，早知今日，何必当初。

正因为后悔，才要百般拼搏。

谈论和看法都是你们的，只有生活是我自己的。

那年六月，我最终以我们校文科最高分顺利升入大学。

回想那些日子，确实不怎么美好，怕被宿管骂只好拿着手灯躲在被窝里看书，排队买饭时也要背英语单词，打盹时便在大腿上狠狠掐出一块淤青，恨不得把自己劈成两个来用。然而那时的我，却喜欢这种充实的生活，不用再趴在书桌上做着毫无意义的梦，也不用徘徊在教室的走廊里无聊地去幻想不切实际的未来，自找麻烦地留下一腔烦闷。

看着自己的照片被放入升学榜牌的那一刻，我就知道，我赢了。这世界真的是公平的，每个人都可以通过自己的努力，活成自己想要的样子。

尽管我曾深入泥沼，但所幸前方有光亮。只要你愿意付出，事情百转千回后总会出现美丽的模样。

> 高三不是只有乏味的黑白的试卷，也存在惊喜。

愿你
心有远山，
不畏前行

✱ 锦时

十六岁，我尚存着一种"学妹心态"，心安理得地享受着暑假的冰西瓜和雨后的彩虹。我参加了网上的电脑兴趣小组，看热心肠的大神推荐适合大学生用的笔记本电脑。某次我无意提起，自己还有不到两年就要参加高考。出乎意料的是，这句发言好似飘入湖中的落叶，很快泛起涟漪。

我收获了来自世界各个角落的关心：有学霸欢迎我报考他的母校，那里的学习氛围可以完美支持我继续深造的梦想；时差党告诉我如何在语言上更进一步，什么专业有前景；还有人提出非常切合实际的箴言——放下手机，即刻去刷题。

高考，我对这两个字的笔画烂熟于心。一如许多同龄人，自换上新校服起我就已经明白，它远不如落在书面上那般轻盈。不过兴趣的一大魅力大概在于，同样的话有共同爱好的人说起来格外容易被接受。我就这样打开了一扇通往海阔天空的大门，大学不是高不可攀的学术圣地，高考不是老师扬着试卷，告诉我要有狼性精神，而是能令忙碌的陌生人驻足，发来暖心问询的魔法口令。

我进入到一种类似冥想的状态，听不到风扇吱吱呀呀的声音，只顾着把留言逐字逐条读完誊写在笔记本上，一刻不停。记忆中，改变是从落下结尾的句号开始的。

因为个子高，我的座位总被安排在倒数第三排。我很喜欢这个位置，距离黑板和老师的远近不是问题，行星探测器只要沿着正确的轨道走，就算相隔几十亿光年，时间也会指引它成功登陆。我向班主任申请，配了一把教室钥匙，吃过午饭，我就会坐在空无一人的教室里。这段时间人容易昏昏欲睡，我就选择做数学题。我选择的题难度不大，稍微耐心些成就感便手到擒来，集中精力的力量又能打败睡魔，为下午的课创造一个好的开端。

晚自习，我习惯站起来面对墙壁背文综。不止一届高三学生在这个方形教室奋战过，墙壁斑驳，甚至留着谁不小心画在上面的水笔线。单调的白色令我心无旁骛，黑色的痕迹无声地提醒我要保持清醒。

此时我已经退出电脑小组大半年了。组长特意私下给我发消息：期待你带着录取通知回来，到时我们给你推荐最合适的笔记本电脑。

然而斗志和鼓励不能保证人不陷入焦虑。一轮复习一开始，班主任就神情严肃地向我们透露，有很多省份开始采用全国卷，所以我们省下一年很大概率不再自主命题。一夜之间，焦虑像水草般在班级里疯长。有同学花心思搜罗笔记、参考书，同样的资料不到三天班里人手一份。我也

一样，各种资料悉数搬进家。大家都变成了漫无目的的旅客，只要听说有人抵达了闻所未闻的新大陆，便丢下眼前没细细观赏的美景，匆匆跟随他人赶往下一处。

两周后，当我翻开旧习题册和笔记本，才从这样的跟风行动中醒过神来。高二时，我能以一种不问东西的平静重复做错题集，怎么到了最该沉下心来稳住心神的时刻，反而乱了阵脚？原来，"今年不行就读高四"的念头，盘踞在我内心长有青苔的角落。

高一的硬笔书法课上，我的作业受到了老师的表扬。下课之后，自信满满的我到文具店买了一瓶钢笔墨水，这瓶墨水花了我半个月的餐费，盒子上印的说明书都是看不懂的外文。因为价格不菲，买回来我只用了不到五次。上高三前整理房间时，它才得以重见天日。说明书早就褪色，墨汁也已干涸，昂贵没有保护它打破时间的魔咒。

我的热血会不会同钢笔墨水一样呢？这回不行就再来一次，这很正常，但为什么偏偏要等重新洗牌后才懂得发力？也许等我决心再走一遍时，那种滚烫沸腾的对理想的追逐就打了折扣。

记得《银魂》中不羁却数年热血难凉的男主角说，关于自己的生活，我和你都

21

不是读者，而是作者，至少结局还是能自己说了算的。我把这句话抄在便利贴上，旁边贴上男主角的搞怪表情包，又把便利贴固定在课桌右上角，我把这个角落称作自己的心灵绿洲。

曾经我很害怕一位化学老师，他的课堂问答终极目的好像只有一个，将学生问到哑口无言之后再让这个学生将每个知识点抄写十遍。分班后，尽管化学不在我的考试范围内，我却用起了这位老师的教学方法。揪住一个知识点反复向自己提问，提问基本分为三个部分：高一学过的最基础的知识点，后来的进阶知识点，复习总结时的主题框架下的知识点。这种寻根究底不仅是提升文综的一剂特效药，语文模棱两可的成语含义和读音题也被我各个击破。

语文阅读理解，有固定的答题模板。起初，我自负地认为模板大部分是缺乏新意的套话，所以没有根据模板作答，但由于分数迟迟没有提升，抱着存在即合理的念头，我抽出一周，利用晚自习后的时间研究阅读理解。我发现，模板不单是保住基础分的固定回答，还能帮助我们厘清思路。阅读理解处在试卷的中后段，占篇幅大，做题做到阅读理解时大脑产生疲劳是极其普通的事。我试过某些同学的方法，直接跳过阅读理解主攻作文，最后秋风扫落叶似的将几篇阅读材料扫过，潦草填几笔，考试结束的铃声就响了。结局可想而知，作文分数没提高多少，阅读理解的模板分也失去了，只能替自己高歌"凉凉"。

我试着培养带着问题和答案模板读文章的习惯。万事开头难，可加上后期训练，浏览文章的速度和质量有了质的飞跃。

整个高三时，我三块表不离身，手表、计时用的小表和一块计步器。计时表是小区里下棋的爷爷给我的灵感，据说象棋名手会做定时训练，我仿照这种方法训练，把计时表放在桌上，卡时间做题。如果说计时表是挑战自我的代表，那计步器是为了提醒我，要把双脚牢牢踩在地上。到办公室问一次题看上去没改变什么，三百多日下来，步数总和足够跑完十几场马拉松。

高三不是只有乏味的黑白的试卷，也存在惊喜。课间，语文老师会用投影仪放节目，诗词成语大赛是常客，名人读书信读经典也备受欢迎。片段是老师精心准备的，雷打不动控制在两分钟，就算趴在课桌上补觉也能听到声音。毕业后我才意识到，这不仅帮我们积累提分攻略，还在帮我们养"气"。古人腹有诗书气自华，大约就是如此。

深夜，我偶尔会靠做广播体操舒缓一下筋骨。沉默的黑暗无私地扯着幕布，窗上映出模糊的影子，这种情境下我常常想起一种樱花树。这种树在冬天开花，却被春天的樱花抢尽了风头，我盼望着去看看它是否拥有传闻中的倔强清香。不知疲惫地思索着，跳跃着，迈着或急或缓的步子，我听到白雪落下，复又融化的微小响动。

日拱一卒，功不唐捐。我对此深信不疑，现实也向我开出了这样的证明。

冬樱花在寒冬绽放。

我为心中一念，愿历尽寒暑晨昏。

也愿你心有远山，不畏前行。

一个"学渣"的觉醒之路

❋ 刘小念

1

学霸只是凤毛麟角，普通才是大多数孩子的人生。所以，大家更关心，面对一个注定普通的孩子，我们能做些什么。

这让我想起学生王雯的故事。

王雯给我的第一印象是活泼开朗，课堂发言特别积极。而且，课后作业也完成得很好。

可是，她的成绩并不理想，尤其是数学和物理，经常不及格。后来，她爸妈还给她请了一对一的数学家教。可是，最终家教也知难而退了，留下一句话："没见过这么不开窍的孩子。"

我眼见着，天真无忧的笑容慢慢从王雯脸上消失。

我心里也很难过。因为我知道，她的确尽力了。

有一天，王雯的爸妈找到我。我以为他们会像很多家长那样，大倒苦水和焦虑，但他们并没有。

"老师，比起成绩，我们更害怕孩子因此丢掉了信心。她的人生不是只有学习这一条路，所以，恳请老师在学校里，尽量帮我们给她打打气，别让她因为学习不好，就丧失了所有的信心……"

说这些话时，王雯爸妈的态度让我动容。

教学多年，我遇到了太多焦虑的父母。一纸成绩，成为亲情粉碎机。而王雯爸妈很清醒地意识到，比起成绩，更重要的是孩子的心理健康。

我敬重这样的父母，他们的出现对我也是一份提醒：成绩优异的学生诚然不少，但普通学生更是大多数。

就算他们终将成为一个普通人，那么，也理应成为一个自信而快乐的普通人。

2

打那之后，我格外留意班里那些跟王雯相同境遇的"普通生"。

就拿王雯来说，她拥有特别强的观察力，善良且幽默。班里那些绿植，我从来没有指派谁去养护，但她默默承包下来，浇水、剪枝；虎皮兰长斑了，她查各种资料，细心地给治好了；班级后面的板报，学校要求每月更新一次，但她主动地每周重画一次，而且主题都不一样，成为班级一道不断出新的风景。

我跟她说辛苦啦，她特别幽默地自我解嘲："老师，我学习不行，也就只能在这些无关紧要的事上，给你长点脸。"

可这样一个乐观的孩子，一到上数学课，便成了霜打的茄子。有一次，数学老师批评王雯时，说了一句比较重的话，从前只会埋头难过的王雯突然爆发，当着老师的面，把卷子撕得粉碎……

也因为这件事，我给学生们开了一次班会。会上，我给了他们各抒己见的机会，讲讲学习有什么用。

不出所料，全班56个孩子，有20多个说，读书没用。而这20多个，都是成绩靠后的孩子。虽然他们嘴上说读书没用，但可以看出来，其实是对自己无能为力的自嘲。

就像一个孩子说的："老师，咱班56个人，总有人成绩垫底吧，那垫底的同学就没有活路了吗？"

哪怕是那些成绩很靠前的孩子，也很无奈地表示自己完全是为父母学的，"学习好使我妈快乐"。

那一刻，我心情特别沉重。于是，那天我在总结发言时一语惊人："你们说得很对，学习真的没什么用。"

听我这么说，台下那56双眼睛都瞪大了。

"未来走出校门后，你们中间的大多数人，这一生可能都不会再用到一次函数，毕业后再也不必写任何文章，生活里也不必说英文，所以，现在这么辛苦地学这些有什么用呢？"

那些眼睛瞪得更大了。

于是，我抛出答案："即便如此，我们还是要学习。除了升学，学习有一个重要的功能就是培养我们做事的专注力，还有自律精神。学过的知识可能派不上用场，但学习的方法、路径和态度却可以让你们终生受用。老师不要求你们人人上清北，但老师希望，在学校的每一天，你们都能给自己订一个小目标，哪怕是多记一个单词，哪怕是上课不走神，哪怕是体育课跑快两秒——不要跟别人比，你们就跟昨天的自己比，每天进步一点点。"

那天余下的时间，我让他们每人写下了自己的小目标。我答应他们，每10个人完成小目标，我就带他们去学校的小花园里上一次语文室外课，或者周六带他们郊游一次。

教室里，一时间被他们的各种欢呼声占据。

而他们的"小目标"也真的是五花八门：有人的目标是期中考试英语成绩要碾压年级学霸；有人表示一周看完一本这学期必读名著；有人写下"不再跟妈妈顶嘴"；有人写"上课不睡觉"……

王雯的目标也很具体：用一周的时间，做50道题，彻底搞明白平方差与完全平方的区别。

3

自从有了这些亲笔写下的人生行进小箭头，孩子们整个精神状态都不一样了。

就连一直跟我吐槽"他们是我教过最差的一届学生"的数学老师，也惊喜地发现："课堂上居然很少有开小差的学生了。"

而我，也没有食言。我把56个孩子分成5组，每个小组完成他们的阶段性目标后，我就会找校长特批，去操场边的小花园里给他们上语文课。

他们席地而坐，我站在亭亭如盖的樱花树下，给他们讲课文。

记得有一次，我们正在讲《桃花源记》，一阵风吹过，樱花花瓣落下来。我停下来，和他们一起静静地享受着这场花瓣雨。

孩子们也被这突如其来的小美好感动了，谁也不说话，就那么仰着头，感受着那轻柔的风，那粉色的花瓣，那蓝得像梦一样的天空……

后来，他们一次又一次地把这次经历写进作文，有人说，这件事，够自己回忆一辈子。

而有了切身的体会，情愫也就从少年的心里流淌出来："那场花瓣雨，落在肩上，落在莽撞的青春里，我真怕弄疼了它的美丽。""你在教《桃花源记》的时候，我以为陶渊明骗我。直到樱花从天而降的那一刻，我突然相信，有你在的地方，就是桃花源。"

不仅如此，每年春天，他们都会纷纷向我汇报："老师，学校里的樱花开了。"

看着他们开心的样子，我内心充满了感动。

4

而最重要的是，实现了一个又一个小目标之后，他们变得越来越自信，越来越快乐。

哪怕依然成绩不理想，但他们知道自己进步在哪里，也很清楚自己还能抵达什么地方。

这也是我希望他们习得的能力。

就拿王雯来说吧。后来，她在父母的支持下，去了上海闯荡。在和朋友开服装店的过程中，她发现自己对剪裁服装很有兴趣。于是，没事时就潜心研究，结果设计的每一款衣服都深受顾客青睐，便渐渐有了自己的风格调性与顾客群。

每次回家，她都会来看我。当然，每次见面时她都会跟我说一个小目标："老师，我想开一个服装店。""我想做出一件自己剪裁、自己缝制的衣服。""我想去意大利看一看。""我想有自己的工作室。"

她就这样一步一个脚印，从每一个小目标出发，一步步过上了自己喜欢的生活。

后来，那一届的孩子毕业后，有人建了同学微信群，把我拉了进去。我发现，那一届孩子的口头禅是："先给自己定个小目标……"

而我作为他们的老师，最开心的就是看着他们如今走向社会后，当年教给他们的方法依然还在生活中奏效。

他们在做成每一件小事，达成每一个小目标时，认识到努力的意义，持续不断地获得勤奋与坚持的复利。

不要害怕，去找到自己的路

✿ 张卓凡

转眼间，我已经在清华大学生活一个多月了，回头看高三的点点滴滴，一切好像还在眼前。

一年前，我怀揣着和大多数学弟学妹一样紧张的心情，进入看似可怕的高三，现在回过头来看，高三好像并没有想象中那么可怕。

考试是对学习的检验，请期待考试

高三的学习任务堆积如山，当我还在琢磨刚发下来的试卷的前几道题目时，老师已经又发下了一套试卷。在这样的情况下，恐惧和焦虑都是再正常不过的情绪，但很快你会意识到，在高三的学习节奏中，"考试是对学习的检验"这句话绝非空谈。越到后期，越要期待每一次考试，并认真对待每次考试。因为在高考之前，只有一次次的考试能够真实反映你的水平，并为你预演那最终决定命运的一次高考。

就我个人而言，正是九省联考、一模、二模的良好发挥，让我满怀信心地走进了高考考场。

保持对学习的热情，要不惧刷题

学长学姐们总说，高三一年做的题比高一高二加起来还要多，事实也确实是这样的。其实，高三除了复习串讲，并没有高一高二时学习新课的任务，那么剩下的时间就全都留给做题了。我在高一高二的时候有囤积习题和试卷的习惯，但是到高三就没办法继续下去了。一个普通的风琴包，基本上两个星期就被塞得满满当当，只能把整理过错题的试卷通通丢掉，避免资料堆积成山。天天做题也许很枯燥，但没有想象中那么疯狂，只要保持对学习的热情，完全可以在不影响身心健康的前提下扛过这一年。

不要质疑努力的价值，要学会开导自己

进入高三，看着高考倒计时的数字一天天变小，各种压力也随之而来，这些压力源自老师和家长的期望、同学间的竞争，以及自己内心的波动。随着压力的不断增加，我们很可能会开始怀疑自己的能力，

路都是自己走出来的，每个人的高中生活都是独一无二的。

质疑努力的价值。当时，我不断开导自己，尝试进行心理暗示，将那些外部的压力抛在脑后，全神贯注地投入题海之中。当你真正沉浸在学习中的时候，你会发现，那些压力自然而然就被遗忘了。

不满足于巩固知识，要提升思维能力

高三的学习内容不仅仅是知识的积累和巩固，更是问题整合和应试状态的训练，是思维方式的不断重塑。在这个阶段，无论是面对知识性问题还是习惯性问题，我们都不应仅仅满足于解决它们，而是要努力体会解决问题的过程，并将这种感觉转化为思考的习惯。不要吝啬在这方面投入时间，即使在别人看来你没有在用功学习也不要在意。你要明白，深入思考解题的过程，比你不经思考地做一百道题都要有效果。当你绞尽脑汁去思考那些充满未知性的问题时，就一定会有巨大的进步，因为在思考的过程中，你从主动应用的维度巩固了你所学到的知识，还从出题人的视角进行了知识的应用，这无疑是比盲目刷题更有价值的事。

不要过于关注成绩和排名，要关心自我检测和提升

高考前比较忌讳的是太过关注自己的成绩和排名，恨不得将每次考试都看成高考的预演。得失心太重未必是好事，尽人事，听天命，把每次考试单纯当成自我检测、自我提升的机会，不要期待太多，也不要过度担心，结果总不会差的。

在高三，我见过许多同学在很短的时间内就取得惊人的进步，只要肯努力，任何奇迹都有可能发生。

回顾整篇文章，好像写的都是一些虚的、建议性的东西，并没有给出什么切实的学习方法。我也只是想通过这篇文章给大家讲一讲我的经历，毕竟适用于所有人的学习方法是不存在的，妄想通过搬运其他人的学习方法来获得成功也是不可能的。如果非要总结一下的话，我最想传达的就是永远去思考，永远去尝试。

路都是自己走出来的，每个人的高中生活都是独一无二的，所以请积极地思考并付诸行动吧，直到找到属于你的那条路。

27

行走的远近跟人生的成败没有太大关系，沧海不重要，花下也不重要，重要的是，知道自己想要什么。

如果蝴蝶飞过了沧海

✿ 李柏林

1

十五岁那年，我中考失利，父母也对我失望透顶，只得让我上了一所普通高中。破旧的教室，发黄的墙壁，摇头的风扇，成了我记忆中挥之不去的青春底色。

那几年，学校的两极分化很严重，好的学校总是以各种方式搜罗优秀的学生，于是升学率高，大家便一窝蜂地往好的学校挤。而那些分数不够的学生，就只能进普通高中，因为生源差，很多普通高中几年都出不了一个重点大学的学生，甚至本科都寥寥无几。大家都说，进了普通高中，就相当于一只脚踏进了厂子。

我的青春就像头顶上破旧的风扇一样，在闷热的季节里叹息着摇头，却无人问津。看着曾经的同伴都去了好的高中，而我只能窝在这所不被人看好的高中时，我便觉得人生没了希望。

不光是我，整个班里的同学也都像打了败仗的士兵一样，没有一丝朝气。上数学课的时候，有好多同学在课堂上睡觉，还有一些女孩子在课桌下偷看小说。但老师也没有别的法子，好像我们就是扶不上墙的烂泥，不惹事就行了，还能指望我们去给学校创造奇迹吗？

2

记得有一天，同桌在看一本小说，扉页上写着："蝴蝶之所以飞不过沧海，是因为沧海那边没了期待。"这一看就是所谓青春疼痛文学，可是中考的挫败却让我想到了自己，我仿佛也是一个不被期待的人。高考就是一片海，但没人认为我能飞过去。

那几天，我竟然一直在想，蝴蝶到底能不能飞过沧海？是不是这原本就是一件不可能的事情，所以被作者用来形容不可能的感情？还是这只是作者的随口一说，奇迹总会发生的？那天晚上，我在自己的社交媒体上发了一个问答："蝴蝶能飞过沧海吗？"不一会儿，问题下面得到的全是否定："怎么可能呢？""这不过是文人的无聊文字罢了。""蝴蝶只能在花下飞一飞，飞到海里迟早要溺亡。"

我也接受了这样的设定，每个人都有自己的命运，蝴蝶本就飞不过沧海，怪只怪我不是那大雁，也不是那海鸥，而偏偏是那渺小单薄的蝴蝶。

可是不久后，我的问答下面出现了一条评论："这世上确实有一种蝴蝶，是可以飞过大海的。在北美洲北部，有一种蝴蝶叫斑蝶，因为蝴蝶的翅膀上布满了美丽的金黄色斑点，由此得名。每到秋天，斑蝶就要从北美洲北部飞到南方去过冬，成群结队的斑蝶往东南方向飞行，不仅要横渡辽阔的大西洋，还要飞越亚速尔群岛，迁飞至意大利或者希腊，行程达8000多千米。"

原来，不是所有的蝴蝶都飞不过沧海，也不是所有的蝴蝶都需要靠期待才能到达彼岸，命运波谲云诡，一切皆有可能。

3

从那以后，我开始拼命地学习，尽管别人说我们的老师不好，环境也不好，我的基础也不好，可能努力也是白费力气，但我却总想背水一战。那个人的那句话也仿佛成了我的信念，我想创造一个属于自己的奇迹，直到我真的考上了大学。

可是上了大学后，当看到其他同学都有着他们的特长时，我觉得自己一无是处，又一次陷入了自卑。好像我一直在奔跑，却一直都跑在别人的后面。

我想起自己年少时喜欢的写作，于是又在网上发起了一个问答："如果我二十岁开始写作，是会一无所获还是会成功呢？"起初的时候，我收到的仍是劝退："写作是靠天赋的，一般人不好入圈。""不建议写作，现在看书的人少。""出名要趁早，好多文学大家二十岁已经开始有代表作了，现在写作太晚了吧。"

但不一会儿，我又收到了这样的一条评论："种一棵树最好是在十年前，其次是现在，谁又能决定你十年后是什么样子呢？"

我仿佛又获得了某种期待，像一只准备过海的蝴蝶，准备启航。只要有时间，我便将自己藏在图书馆里。期刊阅览室的杂志，我期期都看。每次从图书馆出来，虽然只有我一个人走在昏黄的路灯下，内心却是从未有过的充实和快乐。

4

我也曾多次怀疑自己，也许写作需要天赋，而我便是那个没有天赋的人，又怎么可能靠着一腔孤勇到达彼岸？但是一想到还有人对我有期待，我便觉得要证明自己。我写了一年又一年，从那个路灯下的少年，变成了如今的大人模样，有过疲惫，有过迷茫，但是从未想过放弃。

后来，我真的发表了，获奖了，出书了，十年前许下的心愿都实现了。好像一只蝴蝶已经飞过了沧海，终于站在胜利的彼岸，认可和期待也渐渐接踵而至，但我却发现，

我真正记住的，不是站在人海中发光的那一刻，而是那些无人问津的岁月。

我记住了当别人在享受青春及时行乐时，我一个人在灯下看了一本又一本的书；记住了我将灵感一次又一次地记下，用尽全力写完一篇文章后的欣喜；也记住了在很多年前的夜晚，一个失意的少女很怕人生就此黯淡。

于是她想尽办法拉自己一把。她注册了一个账号，评论了自己的问题，在后来每一次得不到肯定的时候，她就充当那个给自己期待的人。

而年少的那个问题，也在多年的跌跌撞撞后找到了答案，蝴蝶之所以飞不过沧海，不是因为沧海那边没了期待，而是因为它把期待交给了别人，却忘了别人不会为自己的人生负责。

从此以后，我再也不会为了获得别人的认可而努力，也不会因为有悖于别人的期待而失落，我只想长成我期待的样子。

如果蝴蝶飞过了沧海，说明蝴蝶向往远处的风景；如果蝴蝶没有飞过沧海，说明蝴蝶只贪恋眼前的花香，人也一样。行走的远近跟人生的成败没有太大关系，沧海不重要，花下也不重要，重要的是，知道自己想要什么。如果蝴蝶飞过了沧海，仅仅是因为别人的期待，那这场远行便失去了意义。

我们是
比夏
更热烈的
篇章

你并非独行者

✽ 赵璐娟

那天整理旧物，偶然找到高中时期的日记本。我耐不住好奇，一页页翻阅曾经的心绪。而最后几页，是我进入大学后的全新记录。其中有一小段，尤其引人注目——那是我用各色荧光笔间杂着写下的摘抄："……原来在我浴血奋战的高考路上，父母一直像卑微稚拙的孩子般跟在我身后，捡拾起我所有的苦痛，他们心甘情愿成为我淤塞情绪的出口，成为浸透我所有眼泪的纸巾。"

就是这么几句，像一簇簇斜斜而降的雨针，绵密地刺入我的心房。和班上很多人不同的是，我的父母为了挣钱养家，常年在外奔波，所以我自小便习惯了留守儿童的生活。而给我最多贴身陪伴的，是年近六旬的爷爷奶奶。

记得高三开学，爷爷坚持要送我去学校（奶奶因为晕车严重不便陪同）。炎炎夏日，太阳炙热猖狂，我回头一看，爷爷左手拉着行李箱，右手抱着新买的凉席和枕头，贴身衣衫早被汗水浸出不规则的形状。每走几步，他便腾出左手，使劲儿擦鬓角的密汗。不知为何，我突然想起小学

的时候，我被男同学欺负，实在烦了，便将这事儿告诉了爷爷，第二天他便跟我去学校将男同学"教训"了一顿。当时的场景，我越想越好笑，但一看爷爷现在的模样：高大的身形已有些萎缩，黑发掩不住丛生的灰白。当年的勇猛，只余寥寥几分。我笑着笑着竟有些心酸。

我心疼地从爷爷手里接过凉席，老人家却一个劲儿摇头："没事，我拿得了，现在能让你多轻松一会儿是一会儿。你平时不要太节俭了，营养要跟上，听到没？"从小到大，听多了老人的唠叨，觉得聒噪，老生常谈的话翻来覆去好几遍，现在听爷爷絮叨，竟感觉这些话分外窝心，不禁耐心点头应允。

临别前，爷爷又塞给我几百块钱，嘱咐我多买点儿好吃的补补，要学会自己照顾自己。老人平日里买菜都要斤斤计较，吃饭必定碗底空，可他把一点一滴省下来的几百块钱交给我的时候，眉头也不见皱一下。目送爷爷走远，手里捏着那几百块，心里却似有巨石沉甸甸压着。也不知是广播里的音乐太煽情，还是当时的我太善感，

回寝室的路上，眼泪竟源源不断地流着，室友忙问我怎么了，我当下又急又羞，只得撒谎说想起即将开始的高三生活，忍不住热泪盈眶。

高中住校，一月一次假，我回家之前都会给家里打电话，奶奶会殷切询问我什么时候到家，想吃什么菜，还不忘叮嘱我把需要换洗的被褥带回来。想到要回家，我的身心就轻盈许多，似快乐扑腾的小鸟。走进家门，"鸟食"早就准备好，三荤一素，可谓丰盛。有时早上醒来，躺在新铺好的床上，环顾干净整洁的房间，听到爷爷奶奶在外面小声讨论今天该给我做什么吃，我瞬间睡意全无，动力满满，便决定起床看书复习。老人知道高三是极耗脑力的关键时期，在我回来前就买了六个核桃，我不知道这饮料是否真的名副其实，但喝起来总是心情愉快，如灌鸡血。

至于带回来的脏被褥，则成了煽情之物。某天午觉醒来，打算收拾东西返校，打开行李箱，惊觉被褥早已洗好折叠整齐。走出房间，发现奶奶就坐在窗前，戴着老花眼镜就着光亮缝我掉了扣子的衣服。老人的手，常年洗衣做饭，缝缝补补，时间无情，这双穿针引线勤恳忙碌的手，已在不知不觉间暗黄松弛，有了老年斑。如同两截残木，不管曾经孕育了多少生机，只能日益枯朽。

我忍不住走向奶奶，轻轻抱住了她。"怎么就起来了？平时学习那么辛苦，肯定睡眠不足，现在干吗不多睡会儿？"这具瘦弱的躯体，曾经抱过爸爸和姑姑，还有我，如今她就在我的怀抱中，随着说话

的频率微微颤动。了不起的老人呵，我们都远走高飞了，她却仍旧留守在原地，日复一日与岁月磨合。

以前看《舌尖上的中国Ⅱ》，对某一期的印象尤为深刻。在真实的镜头记录下，妈妈为即将参加高考的孩子准备一日三餐的画面徐徐铺展开，惹人共鸣。在这个号称"亚洲最大高考工厂"的小山坳里，无数的"妈妈"在这里租房陪读，照料孩子饮食起居，让他们少些后顾之忧，在高考这条路上勇往直前。高三那会儿，老师灌鸡汤的时候常把"你不是一个人在战斗"挂在嘴边，意为在高考这座独木桥上，有很多人和我们同呼吸共奋斗，我们并不孤单。但我听到这话，最先想起的却是爷爷奶奶：每次返校前总是妥帖地为我打理好一切；时常打电话来叮嘱我要吃好睡好，善待自己；吃穿住用总是想方设法满足我宠溺我，而他们却是一如既往地吃俭用生活朴素……当我以为自己是一个人艰难独行的时候，其实他们也在默默承受和付出着，努力做我坚实的后盾和倚靠的臂膀。

因此，每每想到家中两位老人，我便有十足的动力。比起达不到自己的期望，我更怕让他们失望，辜负至亲至爱之人的心意。

而今回望来时路，父母、师长、朋友，甚至我自己，都值得一声感谢。而我也明白，其实最该感激的，是日益年迈的爷爷奶奶。唯愿岁月对两位老人予以宽待，保佑其平安康健，而他们的细心浇灌，终将收获一个蝶舞蜂萦的春天。

一个普通高中生的自我救赎

❋ 遇安

从小，我的爸爸就很强势，他不允许我表现出一点点怯懦，竭尽全力地想让我变得独立，想要使劲地推动我快速成长。

小时候的我，是不被允许看动画片的，每天只能看半个小时的《新闻联播》，也不能玩游戏机。我体会不到别人作文里写的爸爸下雨天送伞的温馨，也没有家里那一盏灯的守候，我只记得那似乎永无止境的黑暗与死一般的寂静。

长大之后的我，渐渐习惯了住在一个人的世界里，我一个人吃饭，一个人学习，一个人睡觉，一个人在考试失败后哭泣，一个人在获奖后喜悦。

我不会期待礼物、期待惊喜，更不会说出自己内心的真实想法。在成长的路途上，我似乎从小就学会了独立，而我独立的方式是把自己的眼泪藏在心里，把坏情绪一点点藏起来，不报喜，也不报忧。

随着我越长越大、越走越远，我总是梦到一家人其乐融融在一起吃饭的场景，妈妈会在下雨天冒着大雨为我送伞，爸爸会和我一起爬山，还会告诉我说，"一步一步慢慢来，不着急"。

有时回望来时的路，真的很佩服自己可以在困难面前那么不屈不挠，那么大的坎儿就那样过去了。但有时候，也想自己可以变得脆弱，不再被迫优秀，不再被选择，想笑就笑、想哭就哭，哭完之后也不需要担心自己该何去何从，希望自己有权利选择放弃。

记得高三那一年，我学到最后，花了很长时间，终于做出了一道难题，想明白了一些道理，看完了一本书，却找不到欣喜若狂的感觉，甚至会有点失落，我觉得自己刚刚经历过的苦难似乎也没什么，更大的苦难还在后面。

有时候就是很奇怪，我没有经历过什么悲伤的大事件，也没有遭受过很严厉的打击，但我就是累了，我就是什么都不想干，觉得干什么都毫无意义。每当这时候，我会选择按部就班地吃饭、学习、睡觉，空出一点时间来，捧起自己喜欢的书籍或者拿起画笔，静静地消耗时光。

1 高二为提高成绩，我备受折磨

高二时候的我，成绩一度是全校第一，除数学以外的每一科，我都可以尽苦难并不能摧毁世界，但它能诱使一个人自我怀疑，从而摧毁这个人的世界。

力做到年级第一，父母、老师对我充满了期待。

可无奈的是，我的数学不及格，数学老师是班主任，他开始对我不断地施压，做不完的习题、复习不完的课本、考不完的考试每天压得我喘不过气来，我开始逐渐抵触数学。

记得那段时间，为了提高数学成绩，我没有时间去上厕所，也没有时间去和同学聊天谈心，我放弃自己的午休时间去做针对性训练，晚上睡觉的时间从 11 点变成凌晨 1 点甚至 2 点，我努力地把其他科目做到满分。

可惜半年之后，我的数学成绩依旧停留在 90—100 分之间，这不是一个全班第一该有的水平。

记得 2019 年年末的第一次模拟考试，我考了全班第 10 名，全校第 80 名，回到家之后，爸爸问起我的成绩，我说："还好。"爸爸说："还好，那就是不够努力。你要努力做到最好。"

从那一刻起，我全力以赴地去学习数学，白天的焦虑会一直延续到晚上，我开始失眠了，孤独、焦虑还有无奈，让我每一天都备受折磨。

2 **高考前夕的高压学习，让我彻底崩溃**

2020 年的高考是在 7 月份，我经历了在家学习的一段时光。

生活的昨天、今天和明天似乎都是一个样子。爸爸每天早晨 5 点 30 分就会把我从被窝里拉起来，告诉我，"笨鸟要先飞"。

我的每一节数学课，爸爸都会坐在我旁边，看着我把数学课上完。每天的自习结束之后，我还要听两个小时的数学网课，整理自己的学习内容。

在这样高强度的学习压力之下，我抑郁了。一到夜晚，我就陷入恐慌焦虑和深深的挫败感、悔恨感、无助感，以及绝望当中。每天晚上，我都会在一个人的时候，躲在被子里哭泣，期待着有一天可以一直沉睡下去。

晚上，我总是梦到考试和无数的习题，我会因为要面对考试而害怕流泪，在考场时，我会手抖到无法停下来，再次看到那些试题，我会出现视觉和听觉障碍，为此，我会刻意回避那白晃晃的白炽灯。

4 月份开学之后，我的朋友休学了，

她已经出现了阅读障碍和幻觉。我开始害怕，害怕自己离这一天也不远了。

彻彻底底的崩溃是在高考前半个月，我得了急性肠胃炎，严重的时候喝水都会吐。突如其来的针扎一般的痛让我很难受，学校依旧是一周三考，每一次数学考试我都会紧张到手抖，每一次数学考试之后，我都会不吃午饭，利用午饭那一点短暂的时间号啕大哭。

我对数学的焦虑，已经影响到了其他科目，下午考理综的时候，明明只过了半个小时，而我已经开始心慌。考到英语的时候，我看着试题，却只想哭。

③ 历经苦难后，我再次寻找方向

毫无意外，高考我考得并不理想。高考之后，我想逃离这个家，可爸爸让我学医，让我留在本省，要么就复读一年，考去清华，想学什么专业都可以。我默默地和他抗拒着，一个月的时间里，我把自己关在房间里，没有说一句话。

我的抗拒成功了，可我的内心已经千疮百孔。我失眠了整整一年多，不断自残，旧伤之上添新伤，我也曾无数次想到过放弃。

其实现在看来，高考真的就是人生旅途中的一站，旅途的意义是享受生活与成长的美好。身为一个普通人，除了偶尔会有那么一两个高光时刻，我们的生活本就和其他人别无两样，我们每一个人的生活都是一个世界，即使最平凡的人也要为他生活的那个世界而奋斗。

多数的人或者动物，一旦无法面对强加于自己的过大压力，感到了绝望时，就会选择放弃。苦难并不能摧毁世界，但它能诱使一个人自我怀疑，从而摧毁这个人的世界。抓住生活中的小确幸，有自己的爱好，能有一件事让自己安静下来，就是很难得的幸福。

希望经历过苦难和压力的每一个人，都可以从那片黑暗里再次找到自己的阳光，从梦想破灭的痛苦里再次找到自己的方向。

每一个人的存在都是有意义的，就算我们不太优秀，我们考试不是第一名，我们不擅长数学推理，不擅长物理逻辑，但请相信，你的存在是有价值的。世界不会因为你的离开而毁灭，但你的世界在你离开之后就会变成一片废墟。

你也要看到，总会有一些奇奇怪怪、可可爱爱的人愿意陪着你，接受你的不完美。你就是你，按自己的节奏慢慢来就好了，不要着急。

经历高考之后，我衷心希望那些努力了很久很久，成绩处在瓶颈期的高三学子，可以让自己放松一点，哪怕父母逼得再紧，也要允许自己放松。

如果弦绷得太紧了，就算不会马上断，也会失去弹性。如果突然有一天断了，那决堤的绝望，无尽的黑暗，会有"吃"人的力量。

27 路 无 终 点

✳ 槿恬

高中开始不久，我开始觉得自己笨得无可救药，使尽浑身解数留在优班，不想却成了垫底。周围同学知识学了就会，卷子很快就做完了，我心里着急想要追上，行动上也在尽力，结果却是他们开始做别的题了，我还在思考上一道题。

那年，我的耳朵里突然变得很拥挤，尖锐的轰鸣声常常拼了命地挤进细小的耳道。

像是隧道被堵住了出口，来往的司机时间不一却又动作统一地按起喇叭，音量大到把隧道里仅有的几盏灯给震灭了。声音把隧道里的光明带走，也剥夺了我生活里的光。

和耳鸣的情况一起出现的还有失眠。在每一个寂静的夜里，"怦怦怦"的心跳声，总是越过血管和肌体直达我的耳膜。

在医院做了深入的体检，数项检测结果换来医生摇摇头，叹气道："你们这些孩子啊，别给自己太大压力。"放轻松即是良药。可是如果能够控制，谁又会选择在其他人甜美酣睡的时间睁着眼睛直至天亮呢？

给我良药的是在公交车上遇到的陌生人。

他是 A 大的学生。很遗憾，时至今日我仍不知道他的名字。

上车后我发现座位几乎被坐满了，我坐到他身边的也是全车唯一的空座上，他挑了挑眉说道："又是你啊！"

后来我们常常见面，在车上遇见时我们经常会谈及彼此的生活。

他知道我的苦恼，想用自己的经历给我提供一些帮助。他复读过一年，原因并不是他的成绩不够好，而是他当军人护卫国家的梦想。

那时候还年轻啊，总觉得时间还长。第一年高考时他什么也不懂，心里想当兵哪里需要什么文化知识，所以轻易地选择了跳过高考成为一名军人。

四下是夜幕，只有我头顶上有光。湖面水波荡漾，路灯和天光聚合成温柔的金色给湖面装点色彩。

可在繁重的部队训练里，领导的一句"这年头什么都需要文化，没文化的军人只有一辈子当大头兵的份儿"，却重重地击垮了他。他整整两个晚上没合眼，看着天光明灭，思虑良久，最终选择复读。

当大头兵没什么不好的，但他志不在此。

我问他考军校值吗，他点头，眼神里满是笃定和向往。

我们在27路的第一站下车，在城郊长满参天大树的不知名的山顶大喊："我讨厌数学！""早功能不能不要这么严格！"被云顶花园的地名吸引，在第三站下车想去一探究竟，结果满心期待被广场上到处都是在跳广场舞的阿姨给泼了盆冷水。在第九站一起感叹我们这个四线城市居然有这么繁华的地界，新城建设少了些温情，却也让我们震惊那像是会吃人的冰冷建筑的朋克感。

聊天过程中，我慢慢松弛下来，紧绷的神经终于有人帮忙松了弦。渐渐地，每周相约一起坐公交车去探索我们所不知道的城市一角成了我们的固定项目。奇怪的是，与此同时耳鸣和莫名加重的心跳声都消失在我的生活中了。

在我的成绩慢慢变好时，有一次他拉着我提前几站下了车，走过七扭八歪的小道，到了废弃的天文馆。

在那个好像已经被现代城市抛弃了的荒芜的屋子里，我们抬头看与我们息息相关的星系，亿万年的星光是历史的碎片，在那些古老的横亘在无数代人命运中的浩瀚的星光下，他摸摸我的脑袋，告诉我："我之前看你不开心，现在好了很多。以后也要开心下去。"

原来在我没有印象的日子里，我放学后累得东倒西歪的样子被另一个人注意到了，我低头抓紧每一分每一秒念书的样子也有人记住。比起成绩，也有人真的在意我是否快乐。

我们在风吹进来把不知什么时候掉落的长满青苔的窗框一角吹得叮当作响的时候在破旧的天文馆说了再见。

他的从军梦想需要去南方在不断的军

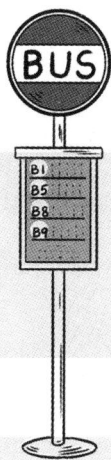

事训练中实现。

我们没有留下联系方式，于是那一次次公车上的相遇就像一场呼啸而过的风，风过后，给我留下了坐公交车放松身心的习惯。

我在公交车上见到人生百态：有戴着红领巾的小学生主动给老人让座，车内氛围融洽；有倚老卖老的老年人和年轻人吵起来，车内剑拔弩张，战争一触即发；有背着大包袱，拿着衣服和塑料桶的农民工，站在车上，疲态未消就要赶赴下一个维持生计的舞台；也有穿着时尚的女孩，颤抖着的声音，卑微恳求电话那头的人不要分手，虽然压抑着哭声，可眼泪还是大滴大滴地夺眶而出。

上高三时，我的老毛病又卷土重来。在高压的生活中煎熬了一个月，学校终于放了一次假。我坐在回家的公交车上睡着了，紧绷的神经终于放松，我睡了个好觉。

好到什么程度呢？大概是我被司机师傅摇了摇肩膀才醒来，他告知我："车到终点站啦，小妹妹，快醒醒。"

窗外被夜色笼罩，像意外接受了上天恩赐的孩子，我到了一个从未来过的地方——天被划开了一个口子，光从中洒下来。四下是夜幕，只有我头顶上有光。湖面水波荡漾，路灯和天光聚合成温柔的金色给湖面装点色彩。波光粼粼在这一刻不再是课本上的一个词语，而被图文释义，赋予了新的意义。

后来我人生中经历的未知变得更多，生活中的放松方式变得多样：周末喝下午茶、看电影，长时间高压工作结束后去蹦极、旅游，看看世界的高空、看看未知的风景。

崭新的世界里是丰富的有滋有味的生活，可在我心中最熨帖最难忘的，还是在枯燥的小城下午，我一边抹着眼泪一边刷卡，坐在公交车窗旁边的座位上，浪费一下午的时间，从日已偏西坐到华灯初上。

即使我长大了，但27路依旧在我青春的岁月中行驶，那些年关于27路的记忆永无终点。

你说高三很苦，我却觉得很酷

✽薄睿宁

在高中摸爬滚打两年后，咱也终于到高三，当“大哥”了。很多人都说高三“恐怖”，说高三时间紧，任务重，每天巨忙，睡觉的时间屈指可数。不过作为一个正在经历它的人，我感觉其实高三也没什么，俗话说得好，“苦不苦，想想长征两万五，累不累，想想革命老前辈”。我想记录几件小事，来简单谈谈我的现状。

/ 美食小记 /

“不瘦二十斤，枉为高三党。”这是我一同学在开学典礼上说的。这话挺豪迈的——博得了全体高三同学的掌声和一阵山呼海啸般的叫好声。但这明显不科学——睡得少，不利于脂肪消耗；睡得少，不利于生长激素分泌，最终人就会变成“矮脚虎”——矮胖子呗！但在我们学校，这减肥任务确实挺可行的，得归功于我们食堂的“美味大餐”。

当我们奔向学校食堂时，就准确预感到了食堂的变化——菜肯定会少，价格肯定会涨，而且人还贼多。没办法，高一的萌新们初来乍到都把食堂菜当宝一样对待，说做得还挺好吃，真是让我们担忧他们在家里的生活状态，怎么会这么容易满足啊！由于高一的同学有一种“拼劲”，总是把军训内容之一的跑步走作为他们前往食堂的方式，所以等我们慢悠悠地赶到食堂的时候，场面真是让人“感动”——活脱儿一个国庆节 5A 级旅游胜地，别说排队了，队长得都望不到边。

我们几个高三生的前面是几个高一的学生，打饭的时候都要了糖醋里脊——殊不知，这被列为食堂八大菜系（一共就八个菜）之最，最难吃的最！基本就是巨大的面糊里面裹着小得可怜的里脊，就跟剑龙的身躯与它不成比例的大脑那样可笑，而且还裹着一层黏糊糊的汤汁，一看就让人退避三舍。可能高一的学生没吃腻吧，何况他们每个人都说了句：“谢谢叔叔。”我的天啊，真是久违的礼貌，连食堂大叔都尬笑了一下——不得不承认，在礼节方面，我们这些大大咧咧的高三生确实跟高

> 其实高三就是这些点滴小事拼凑起来的时光，满满的都是同学们的欢乐趣事。

一的学生有差距。

其实食堂有时候还是有蛮良心的，总会尝试一些新鲜菜品，当然，这些菜品就无缘列入"八大菜系"了，就如高中三年的我们，只是一位匆匆过客，不管它怎样好吃（基本都是好吃的），都免不了几天之后被"淘汰"的命运，所以一般有新菜出现的时候，那个窗口前总会排一个长长的队伍，大家都用直勾勾的眼神盯着它。

"我想了又想，我看了又看，原来每道菜都不好吃。"我们在食堂摸爬滚打两年之后，再站在打饭的窗口前时，总是不可避免地发出一声长叹，然后匆匆买饭走开，再没有高一时那副挑挑拣拣的兴致。我们为这不变的味道而感到小小的悲哀。

/ 礼尚往来 /

礼尚往来是中国人的传统美德。人情往来也是大人们头疼不已的事情。近期就有个同学过十七岁生日，据说她吃完早饭回来的时候就发现自己的桌子被零食大军给攻占了，各式各样花花绿绿的零食好像把食堂能有的全都搬来了。当然，还有一些稀奇古怪的玩意——比如《盗墓笔记》的明信片，比如一个被大家嘲笑成修正带的音乐盒，因为它露在外面的带子太像修正带了。

当我们提出如果消灭零食的任务太过艰巨，我们可以提供无私援助的时候，那家伙立刻变了嘴脸，一把把零食揽到怀里，露出一副老母鸡保护小鸡的样子："不行！都是我的，你们不许吃！我还想省吃俭用吃一年呢，一直到高三毕业我都可以不买零食了。"此外，她还发出了一声哀号，"天啊，我宿舍今年有三个十八岁生日，十八岁是人生大事啊，我肯定得送厚礼对吧，哎呀哎呀，好贵啊！"

"那你可就赔大了，你年纪小，等你过十八岁生日的时候我们又没法给你过。"她的舍友掰着手指头，一脸不怀好意地笑，这家伙还在心疼自己刚刚送出的三包薯片。

"不行！你们得给我邮寄，邮寄！"

"不给！"

"啊啊啊，你个忘恩负义的家伙！"

"嘿，你还蹬鼻子上脸，看我不教训教训你……"

"你还敢用这种语气跟我说话，今晚不打得你上不了床我就不姓王！"

不得不说，同学过生日送礼的习俗确实可以增进大家的感情，但是毕竟我们还是学生，自己没有经济来源，所以只需聊表寸心就好，不必追求高大上的奢侈行为。如果奢侈之风盛行，我们只得把钱都献给学校的小商店了。

/ 撞脸事件 /

话说那天晚上要考文综，我们下午跑完操回来，大家都累得直喘气，一同学突然一嗓子："哎呀！我的天啊，我看见乌鸦了，不吉利啊！兄弟们，咱是不是该挂科了？"

"闭嘴，你不想考好我们还想呢！就兄弟你那水平，你撞见个凤凰都考不好。"有人叫道。

"你这800度近视是真不让人放心啊！兄弟，你赶快去换个眼镜吧，免得十米开外男女不辨，人畜不分啊！"有人损他。

"嗯嗯，此人妖言惑众，扰乱军心，给我拖出去斩十分钟！"

"大人，未曾出兵先斩大将，于军不利啊！不如砍掉他四肢让他戴罪立功！"这俩家伙想法很可怕啊。

此时，我们地理老师来了。有人就拉着地理老师来到"目击证人"身边，地理老师听了来龙去脉，微微点头道："你看到的是什么颜色，多大的？"

"挺大的，跟鸡那么大吧，黑白花色的，尾巴挺长。"那同学苦苦回忆。

"就是那几只是吧？"地理老师指着从学校树林里飞出来的几只鸟。得到确定答复后，她照着那同学背上就是一巴掌：

"笨蛋，你乌鸦和喜鹊都不分吗？你生物老师不得伤心死！"

最后那同学戏剧性结尾："没办法啊老师，它俩太像了，撞脸好尴尬的！再说，这不叫塞翁失马焉知非福吗？你看看，一开始以为是乌鸦，现在一看是喜鹊，这不是因祸得福吗？我们今晚肯定能考好了！"

感觉过了一年，大家的搞笑技术又有所上升啊。其实高三就是这些点滴小事拼凑起来的时光，满满的都是同学们的欢乐趣事。这些快乐也是一剂抵抗高三痛苦、压力的良药。书山有路勤为径，学海无涯苦作舟。我们就这么痛苦并快乐着，一步步努力奋斗，朝着那个最终的目标迈进。时间不多，但也不少，趁一切还来得及，让我们共同努力，与诸君共勉。

我要一步一步往上爬

✽ 李文静

夏日的午后，百无聊赖地刷着朋友圈，一个熟悉的蜗牛头像映入眼帘，接踵而至的是一张沐浴在阳光里的大学校园的照片，下面有一句简单的话：梦想终于照进现实。

我想了片刻，点进他的头像，给他发了个短消息：终于考上了心仪的大学，现在的心情是什么样的？

他很快回复了：想大声唱《蜗牛》这首歌。

他是蜗牛男孩，我的高中同学，而过完这个夏天我就要读大二，他也终于成功摆脱高三，将要走进大学。

我很想再向他说声恭喜，但最后却是什么也没有说，因为我知道这一天他等待得太久，任何的语言在他漫长的等待面前都显得苍白无力。

第一次遇见他，是在2018年的夏天，我刚进入人生的低谷。

一向自诩聪明又足够幸运的我竟然在中考中发挥失利，最后不情不愿地进入了市里的一所普通高中，难以承受的落差感让我变得颓废与愤怒，于是将自己甩入波澜壮阔的小说中整日做着美梦。

他就是在这个时候成为我的同桌的，他的名字和他的长相一样平平无奇——张明浩，是最寻常的存在，一个年级里大概有三四个男生拥有这个名字。

我们的关系并没有因为成为同桌而变得友好，我整日埋首躲在小说的世界里恍惚度日，而他则像大多数学生一样埋头苦学。但他真的不是一个聪明的家伙，甚至算得上愚笨，即使铆足了力气苦学，成绩单却还是毫无亮点，与我的并无二致。

一次月考之后，看着纷至沓来的试卷上那惨不忍睹的分数，虽说并不意外却依旧感到心里有着说不出的沉闷，我扭头看到他的，试卷上方那一个个龙飞凤舞的鲜红笔迹就是对他赤裸裸的嘲笑。

我舒了口气，不可否认，这样的比较让我内心生起一种显而易见的优越感和愉悦感。或许是我那怜悯的目光太过明显，他竟主动转头对我说了一句："看来还得继续加油啊。"

下午两三点钟的太阳炙热而明亮，透过窗户在他脸上形成斑驳的暗影，我以为会在他脸上看到些许的悲伤或愤懑，但出乎意料的是，他的眼睛竟然是笑着的，眼眸深处有着明亮的光。

我诧异极了，为什么他却一点愤怒和悲伤的情绪都没有，思绪在脑海中翻滚，最后我竟忍不住脱口而出："你为什么一点都不难过？都那么努力了，成绩却还是毫无进步？"

看着我愤愤不平的样子，他的眼睛里写满了诧异，随即摸摸后脑勺，憨厚一笑："总会有用的。"

话不投机半句多，我满腹惆怅地看他一眼，便把爱情小说从卷子底下抽出来继续看了起来。

日子就这样在无聊与无望中度过，平淡无奇。他依旧读他的课本，我依旧看我的小说，虽然有着相近的不如人意的成绩，但我知道，我才是那个真正失意的人。

高二文理分科以后，我们都选择了文科，或许是终于摆脱了苦涩难懂的物理化学，即使我依旧学得心不在焉，但成绩单显然好看许多，甚至还能偶尔进入全班前十。

这种轻而易举便得来的成绩让我骄傲的同时也感到窃喜，这时他已坐在了我的后面，偶尔我会在试卷发下来时转头扫上一眼他的，待看到那惨淡的分数之后，总会故作悲伤地叹上一句："哎呀，你说我怎么这么笨，这么简单的卷子才得了这么点分数，明明可以更接近满分的。"

我乐此不疲地在他面前展示着自己的优越感，想让他承认，有时候努力真的是毫无用处的，有时，只要一次不幸就足以否定以往所有的付出，更遑论他次次的不幸。

但他却总是毫无所觉般，摸着圆圆的脑袋自我催眠般说道："下次会好的。"像是在宽慰我又像是在说他自己。

之后他依旧乐呵呵地看着书，做着习题，在看到不甚理想的成绩后皱着眉头说上一句："看来这几个部分还是很薄弱，再多下点功夫就好了。"

久而久之，我便失去了炫耀的兴致。

看多了他的认真，反而会默默地开始为他打抱不平，觉得上天真是残忍。有时也会很想大声地对他吼上一句："就算是你再看上五十遍，也不会有什么改变的。"

事实也的确如此，他的课本都已被翻得烂了边，但他的总分却依旧与我相差近100分，多么残酷又可悲的事实。

我一直以为他才是值得被同情的人，可直到后来，我才明白真正陷入困境，值得被同情的人是我。

那时，我们已步入繁忙的高三，人人都在为高考做着最后的努力，我也是。尽管表面装作漫不经心，但贴在床头的隐秘的小字条早已泄露了我满心的不安，上面是我用红笔一字一句地写下的，在心里默念过千百次的理想大学的名字：厦门大学。我碧蓝的海和湛蓝的天。

虽然我的成绩在班里还算不错，但在这样宏大的目标面前，它就像大海里的一粒沙子般，渺小得可怜。在被问及"你理想中的大学是什么"的时候，我甚至不敢说出它的名字，我怕自己得到的会是一个悲悯的眼神和略含嘲讽的笑意，而这样的表情，我曾对着他做出过无数次。

那是周四下午的自习课，我正发呆，他突然问我："你怎么了？"

我指指手下的地理试卷，露出一个苦笑。58分。明明我已经那么努力地听课看书，为什么它却还是站在原地纹丝不动？

他笑着安慰我："下次会好的。"

"怎么会？你明明比我更清楚。"

暗讽的话语脱口而出，我有些后悔，但失落的心让我无法自控，我已经很久没关注过他的成绩了，但此时我用嘲讽的眼神瞥向他的试卷，想向他证明他是最没有资格说这句话的人的时候，下一秒的我却愣住了：90分。

怎么会？

心里瞬间涌起滔天巨浪，我看着他目瞪口呆，但随即又释然，或许只是一次偶然的幸运罢了。

似是看出我的想法，他弯下身将抽屉里的一摞试卷取出，放到我面前。这些试卷的边缘用胶水粘了起来，试题旁边还有着密密麻麻的批注，我情不自禁地翻阅起来："89分，90分，87分，95分……"

许久后，我才又找回自己的声音，充满了苦涩与感慨："什么时候你的地理成绩这么好了？"

"大概是从我把所有的课本全都背熟了之后吧。"

"所有的课本？"我再次睁大了眼睛看他，不知该说些什么。

他却有些不好意思，摸着脑袋笑道："即使书上的每一个字我都记得清清楚楚，却还是离满分有着距离，也真是笨得可以。"

这是他第一次在我面前说自己笨，却让一直这么认为的我羞愧难当。

此时耳机里刚好放着周杰伦的歌曲

《蜗牛》，有一个低沉沙哑的声音在唱："我要一步一步往上爬，在最高点乘着叶片往前飞，小小的天流过的泪和汗，总有一天我有属于我的天。"

我从未有一刻觉得这首歌是如此让人感动，让人唏嘘。

我摘下一个耳机递给身边的他，在他惊讶的眼神中笑着说："我觉得这首歌很适合你。"

从来不曾听歌的他将耳机塞进耳朵里，而后对我说了一句"谢谢"。

后来，我的地理成绩慢慢有了起色，虽然与理想的状态相比还有一定的距离，但已经让我觉得难得。

高考之后，尽管拼尽了全力，我依旧没能考上心目中的大学，但内心却坦然，而自嘲为"蜗牛男孩"的他也没有，我们曾在填报高考志愿时碰了面，我问出了长久以来的想问的问题，会不会觉得一直不够幸运。他温暖地笑了笑，然后说，不会。幸运不过是没有看到他人背后的努力罢了，而他只是一直不够努力。

怎么会？我想起他那些被翻烂了的书，试卷上密密麻麻的注解，还有班主任说的从业以来再没见过比他更努力的学生这句话，内心千头万绪，却最终一句话都没有说。

后来我选择了一所还算不错的大学，而他重返战场去追求他的梦，最终他成功了，用了比很多人多得多的努力。很多人将"努力"当成一种赞美，后来又将它当作一种嘲讽，而在他身上，我却总能看到一种力量。

✳ 刘欣淼

信笺

温柔

1

高一那年春天，我突然迷上了写信，特别想结交几位志同道合的笔友，于是就风风火火地在网络上发布了一篇"交笔友"的帖子，并事无巨细地介绍了自己的兴趣爱好。

没过多久，我便看到有很多人在这篇帖子下面留言。可是除了留下的地址，我对他们没有任何了解。在网络的另一边会住着怎样的灵魂呢？他会不会有一些独特的成长经历呢？我会与对方聊得很合拍吗？答案无从得知。

不过，尽管如此，我反而对写信交笔友这件事更感兴趣了，未知带来的神秘感像一束突然炸开的烟花，给平淡枯燥的学习生活注入了新的色彩。很快，我在所有留言的网友中选择了一些与我有共同爱好的人，奋笔疾书地给他们每个人都写了一封诚意满满的足足有三页纸的手写信。我心里想着要"以量取胜"，这么多人里总能找到一位与我真正合拍的朋友吧！所以尽管同样的话，同样的经历我写了一遍又

一遍，写到手都快抽筋了，但我还是乐此不疲、不厌其烦地写着。

事实证明，我的真心并没有被辜负。在我将这些信件投出去大约两周之后，我的信箱里也如约出现了厚厚一摞散发着墨香的书信，是那些与我约定互寄的网友从五湖四海寄来的。这些信不仅仅是拼凑起来的文字，更承载着一份份来自陌生人的善意与真诚。

2

记得信刚投出去的那几天，我的心情特别激动，虽然人在学校上课，可心却恨不得插上翅膀飞回家，看看信箱里有没有信件，时常在课下才看了一会儿书就开始发呆。周五回到家后，我第一件事就是跑去打开信箱，路上还幻想着一会儿抚摸别人寄来的信件会是怎样的感觉，万万没想到信箱里一封信也没有。沉积的灰尘在我飞快打开信箱的那一刻一股脑地飞扬出来，我的好心情一下子跌落谷底。是在邮寄过程中呢？还是压根没人寄呢？我心里

虽然我和每一位笔友都不曾见过面，但是陪伴彼此的岁月始终是我生命中十分美好的时光。

充满了疑问。

第二周回家时，我已经对收信不抱有任何期待了，却没想到这次一打开信箱，就看见好多信静静躺在里面，那一瞬间，我的内心被巨大的欣喜填满。

我迫不及待地将这些书信捧回家，一封一封地将它们平放到书桌上，然后小心翼翼地沿着信封边缘撕开，生怕会不小心撕坏里面的信纸。翻开被叠得整整齐齐的一张张信纸，映入眼帘的是同样密密麻麻的文字，其中还夹杂着一些可爱的手绘表情图案和千奇百怪的贴纸，这让我感到非常意外和惊喜。

原来，这世界上仍存在着许许多多真诚的人，他们哪怕是面对素不相识的陌生人，也愿意释放自己满满的真心和诚意。

我逐字逐句地读着每一封信，像一个贪吃的小孩面对心爱的食物，尽管想要大口吃掉它们的心十分迫切，可是又舍不得让它们这么快消失，最后只能小口小口地细细品味这些特别的食物。

借助这些文字，我好像走出了时空，来到了每一个笔友身边。

看着这些细腻温柔的灵魂在昏黄的台灯下，执笔剖析着自己，或是分享生活中那些有趣的瞬间，或是诉说着友情、亲情给自己带来的小困扰，时而眼带笑意，时而泪洒纸间。然后，这沉甸甸的心事便插上了翅膀，飞到了我的手中。于是快乐翻了倍，烦恼也在他们的诉说和我的安慰中渐渐清了零。

3

在很长一段时间里，写信和收信成了我最期待的事情，每周末一放学回家，第一件事就是去信箱里看一看有没有寄给我的信。可是这样的时光并没有持续多久，有很多笔友在沟通了几次之后就再也没有回信了，有的是因为升入了高中后学业紧抽不出时间，有的是因为考上了大学后不太方便收信，有的是因为突然搬新家，来不及告知彼此……我们就这样短暂地照亮过彼此，然后各自回归人海。

我是幸运的，因为时间最终还是帮我筛选出并留下了那个与我最契合的人——

小T，那个尽管多年不曾联系，感情却依旧如初的人。记得我们刚认识的时候，她在信中告诉我她叫小T，正在青海读初二，我在信中告诉她我叫葵笙，正在北京读高一。虽然名字都是虚构的，但我们都带着一颗真诚的心，于是属于我们的故事就这样开始了。

一开始，我们的交流十分频繁，我几乎每周都会给她寄一封信，同时也会收到一封她寄来的信。

在信中，我们会互相分享近期学校发生的趣事，向对方毫无顾忌地袒露那些学业上的焦虑，吐槽父母对自己的不理解，义愤填膺地吐槽班里的某个同学，向对方介绍自己最近正在读的书籍，也会告诉对方那些青春期的朦胧小心思……

总之，我们无话不谈。这也是为什么我觉得我与小T很合拍，除了有相似的爱好，更重要的一点是我们都会认真倾听和好好表达，相处起来十分舒适。

写信时，我们会先在信中回复对方提起的话题，为对方的处境提出建议，开导对方焦急、气愤的情绪，然后在后半部分写自己想表达的新话题、新故事。通过这些文字，我们好像变成了对方的"远程闺密"，虽然不在彼此的身边，却参与了对方的生活。

从她的文字中看，她应该是个沉稳的女生，而我虽然年龄比她大，但是性格跳脱，

我们就这样在"互补"中慢慢建立了深厚的友谊。

4

后来，我上了高三，学业更加繁重，回家的次数越来越少，小T也步入了高中，学习难度也骤增，于是我们写信交流的次数便少了许多。

渐渐地，我们失去了联系。过了许多年我才得知，在我放弃写信的那段时间里，她时常满怀期待地去学校门卫室找寻来自我的信，只可惜每一次都失望而归。

高考结束之后的某一天，我在收拾屋子时偶然翻出来这些被我收藏起来的信件。我鬼使神差般地打开了小T的微信（某一次她信中有写，互相添加好友后一直没说过话）。从这些老信件聊起，我们又恢复了联系。

在聊天中，我才发现我们心里一直牵挂着彼此。也是在这时，我才知道她通过努力考上了中国政法大学，像我们曾经在信中约定的那样，来到了北京求学，我打心眼里为她感到高兴。

虽然我和每一位笔友都不曾见过面，但是陪伴彼此的岁月始终是我生命中十分美好的时光。那些泛黄的书信，是我青春里最温柔的记忆。

你在夏日的 微风中 举起手

✽旻夕

在微风轻柔的抚慰中，我又想起了那个炎热的夏天，想起了窗外那面墙上被风吹动的爬山虎。

1

那个夏天，是我记忆中最炎热的夏天。

编导班的屏幕上正放着影片，我看似认真地盯着电影里的人物，手里的笔却在草稿纸上随性涂画。

"曾微，你出来一下。"

站在编导班门前的走廊上，艺考培训机构的负责人再一次问我是否能换一所想考的学校。

"如果不考A大，那我也不必走艺考这条路了。"

负责人轻叹了一口气，说："这所学校今年新增了分镜头脚本的题目，你可得恶补一下。从今晚开始，晚自习你去美术班突击画画吧。"

这所艺考培训机构的两个王牌专业就是编导和美术，但是，平日里我们两个班的学生并没有什么交集。我跟着美术班的班导老郑走进美术教室，老郑简单介绍了几句后，便给我指了个座位。顺着他的手势指引，我看见窗边的作品展示区那里有一张空桌子。

走到桌前，我才发现上面凌乱地散放着一些还没贴上墙的优秀作品，底下还压着一幅没拼完的拼图。

作为一个只会画火柴人的美术小白，他们的优秀作品对我而言简直就是大师的画作。我有些迷茫，不知突击画画该从何处下手，便将那些画纸拢到一旁，开始研究起那幅还没拼完的拼图。

拼图的中间部分基本拼完了，那是一

些色彩绮丽且鲜明的房屋。桌上还散着一些淡粉色和湖蓝色的碎片，我拾起桌旁的拼图盒子，才知道剩余的部分是樱花树和海面。剩下的每一块拼图色彩、形状都很相似，难怪拼图者会卡在这里。

下课铃刚一打响，我的桌前迅速围过来几个女生："听说你的文化课成绩能考600多分？"我有些不好意思，立马摆手说："也不是每次都能考这么高。"

"哇，你的成绩这么好，怎么来我们班学美术了？"

我耐心地解释了一番，她们的八卦之心得到满足后，注意力很快被我拼好的海面吸引了。

"陈知言，你之前没拼出来的部分，曾微拼出来啦。"她们指着拼图，转身去唤拼图的主人。

不远处的一个男生转过身来，伸长脖子看了一眼拼图，问我："它们的色彩那么接近，你怎么知道哪一片是正确的？"

我斟酌着回复："用摆飞机阵的方法，拼图碎片通常分为6种形状，当颜色太接近的时候，根据边缘可以猜出大概是什么形状，根据形状去补空缺的位置，就好找一些了。"

他似乎有些认可我说的话，轻轻点了点头，又把身子转回了画板前。

2

当我正式开始练习控笔时，才发现美术原来是一门这么难的科目。老郑拿起我的控笔练习册端详了半天，然后一言不发地朝讲台走去。我有些难堪地把头转向窗外，盯着对面墙上随风飘动的爬山虎叶子。

"曾微同学的美术基础很薄弱，有没有哪位同学愿意牺牲一点休息时间，指导一下她画画？"

教室里陷入了一阵寂静，在那漫长的一分钟里，我第一次想到了放弃。就在我不抱任何希望时，余光中突然有一只手举了起来，是那个名叫陈知言的男生，我望向他的目光里除了错愕，还带有一丝感激。

我们俩并肩站在办公室里，老郑看着我们，笑眯眯地开了腔："即使你没举手，我也打算选你当曾微的师父。首先你的美术成绩是咱班最好的，在专业课方面我对你很放心。其次，曾微的文化课成绩很好，在这方面你可以向她多请教。"

自此，我正式成为陈知言的小徒弟。

回到教室，他喊我帮他一起将桌子上的优秀作品贴到墙上。

"怎么都是同一个署名，该不会这些都是你画的吧？"我指着那些只写了一个"陈"字的画作问他。

"正是你师父我。"我撇了撇嘴，怎么之前没发现他这么自大呢。

贴到最后，墙上还余着点空间，他用手比画了一下尺寸，随后把那幅拼图也贴了上去。

陈知言拾起我桌上刚画了几页的控笔练习，难以置信地问道："你不会一点基础都没有吧，我现在反悔还来得及吗？"

"你可不能出尔反尔。"虽然很心虚，但我还是装出了很强硬的样子。

他抽出一张空白的纸放在桌子上，然后让我把手按在纸的最中间。陈知言手握铅笔，将我的手形描在纸上。我充满疑惑地看着他，他说："根据这个形状，里外各画5圈，画好拿给我看。"

虽然想不明白他的用意，但我还是乖乖照做了。认真画完10圈以后，我将画纸递给他。

"这不是画得挺好的嘛，这跟控笔练习册上的题目有什么区别吗？"

我顿时醒悟过来，陈知言对我的指导已经开始了。他将画纸翻了过来，在上面任意点了一些点。"每两个点连成一条线，尽量让笔身贴近纸张一些。"说着，他就拿手中的笔给我做起了示范。

陈知言的手长得很好看，骨节分明，指甲的长度也刚刚好。指腹虽沾了铅笔灰，但并不显得邋遢。

"看笔和纸之间的距离，没让你看手。"他顺势用手里的笔在我头上敲了一下，"好好练，待会儿我检查。"我有些害羞地揉了揉脑袋，但抬眼看到陈知言认真的神情，我摒弃杂念，潜心练习了起来。

3

那几天，我练控笔练得有些魔怔。为了不占用陈知言过多的时间，我把能搜集

到的与分镜头脚本有关的题目都打印了下来，在晚自习偷偷练习。

"小徒弟，帮我去洗一下涮笔桶，为师今天画水彩画得实在太累了。"陈知言越来越肆无忌惮地行使着师父的特权。

拎着冲洗干净的涮笔筒回来时，我看见陈知言正在翻看我的分镜头脚本试题，我顾不得擦干手上的水，立马冲过去想把本子合上。

陈知言拿着本子边躲避边笑着问我："曾微同学，怎么练了那么久的控笔，你还在画火柴人啊？"

我回敬了他一个大大的白眼："还不是师父教得好。"

他好不容易收敛了笑意，指着三个并排的火柴人问我是什么意思。

"这都看不出来？边上两个人挟持着中间这个人啊。"陈知言刚压抑住的笑又被我的回答引了出来："我还以为这是三个人手拉手去郊游呢！"

果然狗嘴里吐不出象牙，但我越看我画的那幅画，越有种郊游的感觉。我从喉咙深处发出一声叹息，觉得自己离Ａ大越发遥远了。

陈知言看出了我的沮丧，问道："你们为什么会考分镜头脚本？"

"考试大纲上说，比起美术水平，他们更看重的是考生的构图能力。根据给定的关键词，要求考生画出最贴近主题的镜头。"

"那我知道这幅图该怎么画了。"说

完，陈知言在我作品旁边的空白地方又画了一个同样大小的方框。

等他草草画完这幅画的时候，我激动地拍了拍他："我不知道我有没有美术天赋，但我知道你绝对有当导演的天赋。"

在陈知言的画面中，一个小小的人立在中间，左右两边各有半张放大的脸。这样的一张画突然打开了我的思路，既然画工不行，那我就打破中规中矩的思路，用奇思妙想的构图去打动评卷老师。

翻看完所有的题目之后，陈知言调整了辅导计划：缩短练习控笔的时长，加大简笔画和人物动作、表情的练习，争取用最简单的画面表达最直接的观点。

晚自习结束时，陈知言破天荒地将他只考了48分的数学卷子塞了过来。见识了我的火柴人之后，估计他觉得大家都是半斤八两的水平，谁会看不起谁呢？

我粗粗地计算了一下，150分的卷子，其中有80多分是只要套对公式就能得分的基础题，可见他的数学公式背得一塌糊涂。

我打算利用晚自习结束后的时间，替陈知言整理一本数学公式册子。在每个公式下誊抄一道他做错的题目，用详细的步骤写清楚解题思路。

4

入秋之后，天气迅速冷了下来。

跟着天气一起冷下来的，还有我的专业课成绩。第一次模拟大考中，我的编写故事因为严重跑题，直接得了个不及格的分数。

编导老师又气又恼："分镜头脚本是新题型，只要没有美术功底，大家的分数是拉不开差距的。但是，电影常识和故事编写可是每年必考的老题型，一旦失分，A大你想都不要想了。"

擦干眼泪后，我答应了编导老师暂停晚自习去美术班练习画画的要求，用最后两个月的时间做好专业课的冲刺。

消息很快就传到了美术班，等我东西收拾得差不多时，陈知言主动接过我的书包："你东西这么多，为师还是送你一程吧！"

见我的情绪一直很低落，陈知言告诉了我一个秘密。

我拼出来的那幅拼图名叫《蓝色樱花之都》，作者是日本画家西村典子，她很擅长用透明水彩绘制出唯美的画面。陈知言很喜欢她的画作风格，所以买了很多拼图来培养自己的色彩感觉。

"看到你坐在那里，耐心地比对着拼图碎片，我就知道你是那种只要用心就能做好一切事的人。如果不是因为那幅拼图，我肯定不会举手当你的师父。"

到了编导班门口，陈知言将书包递给了我，然后拍了拍我的脑袋说："二模好好考，我相信你。"

一个月的时间倏然而逝，当二模成绩下来的时候，我又回到了编导班第一的宝座上。

我捧着给陈知言整理的数学笔记出现在美术班门口，正好碰见他拎着涮好的小水桶回来。

我兴冲冲地跑上去，给向他汇报好消息："二模成绩出来了，我考得不错。"

"哎呀，真不错，真给为师长脸。"继而，他看到我手里拿的本子，一挑眉毛，"这是啥？"

我认真地说："这是帮你整理的数学笔记。你快收下。"

他随手翻了翻笔记，说道："马上就要艺考了，你怎么还有时间整理这么多题目？"

难得他能发现我的良苦用心，我笑着回复："我们的考试时间可比你们美术生早不少，等考完省统考和 A 校的校考，我就直接回学校复习文化课了。咱俩毕竟不是一个高中，与其专门跑一趟倒不如提前给你。"

"好，那为师就收下了，谢啦！"

我怕他不够重视，一下子拽住他的袖子，再三强调道："这些题目都不难的，等艺考结束后，你好好看看，考 80 分肯定不成问题。"

5

省统考那天，培训机构的大院里停了好几辆送考大巴车，车身上贴满了红色的横幅。

我刚找了个靠窗的位置坐下不久，外面就传来一阵敲击声，我扭头一看，陈知言正比画着手势让我下车。

"还好赶上了，这个给你。"陈知言将一个速写本递给我。

我接过来后，才发现他的手心里沾着各种颜色的颜料。"我没想到你们走这么早，刚在画色彩，也没顾上洗手，这是我整理的分镜头脚本。"

我看着手中的速写本一时语塞，不知该如何表达自己的感谢。

"感谢的话等考完试再说吧！别紧张，我相信你。"陈知言的手已经举到了我的头顶，但看见自己邋遢的手心，便收回了想拍一拍我脑袋的念头。

回到车上后，我快速地翻阅起速写本，里面有很多绘画小技巧，比如如何画出奔跑的感觉，如何画出空间感……当我翻到最后一页的时候，《蓝色樱花之都》突然出现在了我的眼前，那应该是陈知言照着拼图临摹出来的水彩画。

之前看拼图时，我的注意力总会被房屋和海面吸引。这一次，我却注意到了画的右上方——那是一枝开满樱花的树枝，花瓣随风飘零在空中。

看得久了，那股风好像吹到了我的脸上，在微风轻柔的抚慰中，我又想起了那个炎热的夏天，想起了窗外那面墙上被风吹动的爬山虎。

炎炎盛夏，那股凉爽的风是多么可贵，正如少年在微风中举起的手。

好疼好疼的高考

❋ 艾苓

爸妈刚结婚的时候，家在农村，妈妈是村里小学的代课老师。我出生前，爷爷在靠近县城的地方盖了两所房子，爷爷奶奶住前院，爸妈住后院。爷爷说："从今以后，咱家下一代就在县城念书了。"

他没想到的是，作为下一代，我们的求学路会这么艰难。

爸爸曾经在油厂上班，妈妈做点儿小买卖，日子开始挺好的。后来，我和弟弟出生，爸爸下岗。爸爸下岗以后，和妈妈一起做过小买卖，不幸生了病，一病十多年。

那些年，妈妈在筷子厂打工，一个月工资300元，供我上学，供弟弟上幼儿园，还要供四口人吃饭。

外人不知道家里情况，经常对我爸妈说三道四，说我爸好吃懒做，不舍得出力气，挣不来钱，还要生两个孩子。

姥姥知道我家的难处，经常托客车司机给我们捎些吃的。有一次，她捎来她做的粘耗子（一种东北美食，又叫苏叶糕），妈妈去客车站取东西，在那儿碰见奶奶。

奶奶问："咱家你三叔有病住院，你知道吗？"

"知道。"

"那你们怎么不去看看呢？"

妈妈说："我现在没钱，等我手头宽绰了再说吧。"

奶奶很生气，说："你们这是'房笆开门，灶坑打井'啊，以后你们就关门过日子吧！"

妈妈也很生气，说："从今往后，我就'房笆开门，灶坑打井'。"

"房笆开门，灶坑打井"是东北俗语，"房笆"是房顶，"灶坑"是锅灶，贬斥一个人六亲不认，或者舍不得钱太抠门。妈妈当然生气了，以前她还打肿脸充胖子，参与亲戚间的人情往来，从那以后，我家再没随过份子，跟谁都不走动了。

我上三年级的时候，爸爸病得很重，已经起不来炕了。记得有一次中午放学，我走了三十多分钟回家，爸爸还在炕上躺着，我给他烧好开水，倒出来一碗送到炕上。等我把饭菜热好，已来不及吃，就饿着肚子上学了。我一边走一边哭，觉得自己很委屈。

我上五年级的时候，弟弟上一年级，爸爸还是卧床不起，家里穷得揭不开锅了。弟弟不懂事，饿了没东西吃，哇哇大哭，妈妈也哭了。那是我第一次看见妈妈哭，也是唯一的一次。

妈妈哭了一阵擦干眼泪，跟我和弟弟说："你们先去上学，我去上班。放心吧，晚上咱家就有吃的了。"

那天上学，我的眼睛总能看见吃的，街道两边有炸油条的、卖包子的、卖馒头的，还有飘出香气的餐馆、学校附近的超市、同学手里的零食，越看越觉得肚子空。到后来，语文书里的食物、应用题里的食物都被我发现了，我得小心翼翼地吞咽掉口水。

中午我没回家，坐在教室一角，谁都没发现我没吃午饭。晚上到家，在院子里就闻到了馒头的味道。

妈妈跟我说，和她一起打工的阿姨问她是不是遇到难处了。妈妈向她借了100元钱，下班以后买了一袋白面、五个馒头。

从小学一年级到大学二年级，我一直留短发，就是那种五号头，每次都让师傅剪到最短，可以挺两三个月，省钱，洗头也省香波。大学三年级，家里情况好些了，我才开始留长发。

我一直比较用功，高中考进县一中，是B类班的优等生。高考第一天，回家吃完午饭骑车出来，一辆出租车上坡，我下坡。为了躲出租车，我贴着路边骑，一不小心翻进沟里。

我第一个想法是，绝对不能耽误考试。我拖出自行车，一看不能骑了，就将它扔在家。胳膊上、腿上往外冒血，我一点儿不觉得疼，换了一身干净衣服赶紧走。下了坡，拦辆出租车，在校门口花五毛钱买了一包面巾纸，我就进考场。胳膊开始出脓，我一边答题一边擦，没敢先涂卡，怕答题卡和卷子让我弄脏了。出了考场，我去了一家小诊所，大夫用药水给我清洗了伤口，做了简单的包扎。

过了一夜，疼劲上来了。答文综的时候，不光胳膊腿疼，连脑袋都疼。下午考完英语，疼劲也过去了。

我家没有电脑，我到二婶家查成绩，除了第一科语文成绩还好，剩下三科一塌糊涂。我的心好疼，心疼别人看不见，心疼自己不能说，比肉疼还难受。

在二婶家我能扛住，路上也扛着，在家门口看见爸妈的时候，我扛不住了，眼泪"噼里啪啦"地往下掉。进了屋，我干脆坐到炕上痛痛快快地哭起来。我觉得委屈，我骑了那么多年自行车，从来都平平安安，怎么偏偏高考时就出事了呢？越哭越觉得委屈，我一边哭一边用面巾纸擦眼泪。

妈妈坐到我身边，说："我也哭过，

你知道的。哭解决不了任何问题，将来你能笑着把这件事讲出来就好了。"

妈妈说得没错，我今天终于笑着把这件事讲出来了。

可能因为做过老师，不管家里多难，妈妈从不让我欠学杂费。她也不让我报贫困生，她说应该让给更困难的人。每次我都背着她报名，上大学也一样，申报完给她打电话，让她到居委会开证明，她只好开了证明给我寄来。

爸爸后来研究上中草药，身体好多了，家里的日子逐渐好起来。爸爸的文笔非常好，我中小学的演讲稿都是他写的，每次都拿奖。

有一次演讲比赛前，老师发现好几个同学的演讲稿一模一样，都是从网上复制的，赶紧叫停，把每个人的演讲稿都检查了一遍。轮到我这儿，老师说："她的演讲稿都是她爸爸亲自写的，不用检查。"那一刻，我特别自豪。

高考给我留下的余毒很深，从那之后，但凡重要的考试，我屡战屡败。

2017 年考研，榜上无名。

2018 年考研，榜上无名。

2019 年，我一边工作一边备考，爷爷和奶奶相继生病，家里的情况雪上加霜。考虑再三，我辞了原来的工作，去了一家高中辅导机构，既可以多赚钱，也方便照顾爷爷奶奶。那段时间比高考时更糟糕，我每天只睡两三个小时。冬天的深夜下班回家，寒风呼啸，路上空荡荡的，在山道的路口远远地望见妈妈，我的泪水再也止不住了。

2020 年 6 月，我看到特岗教师招考信息，全县只有 5 个名额。别人花钱报笔试班，我在家自己复习。别人花钱报面试班，我学网上的免费课程。一个月后参加考试，我的笔试和面试成绩都是第三名。

上午面试，下午公布结果，榜单张贴在面试考场的学校门口。那天下午阳光灿烂，看完榜单，我的第一反应不是高兴，而是赶紧回家告诉我妈。妈妈和我一样平静，我们看着对方轻轻笑了一下，这是我有生以来第一次如愿以偿的考试。

去小学报到当天，校长让我临时接手一年级，教数学，当班主任。已经开学一个星期了，原来的班主任口碑很好，临时调岗，我压力很大。以前我教过高二的学生，跟学生交流没有问题，但突然面对一年级的小孩子，我都不知道怎么跟他们说话。

不会说话的时候，我尽量少说，如果说话，一定是表扬某个孩子。跟小孩子交流，那是另外一套话语系统，我注意观察其他老师的语气语调、孩子们的语气语调，我得跟他们在一个频道上。

研究了一个学期，我终于敢说话了。校领导看到了我的成长，频频派我参加各种比赛，我都拿到了名次。全市的班主任专业技能大赛，我拿的是特等奖。代价当然有，半夜十二点前我没睡过，头发大把大把地掉。

我还想考研，读研依旧是我的梦想。同事和学生家长都说，我的身上有一股劲儿，有一股正能量。我想，那应该源自我的妈妈。

你好，我的 头号对手

❋ 清池

> 走出考场，于杰也没有主动跑来与我核对题目，此时的我们都清楚，我们是并肩作战的战友。

整个高中阶段，我的高光时刻是高二会考结束后的那场期末考，一场超常发挥的考试将我送进文科十班，学号是1。要知道，各班的1号，那可是班主任手里的"王牌"。

对，我就是顶着这样一顶闪耀的桂冠走进高三的。因为是1号，每次月考都会坐在班级最前排，被老师叫起来回答问题更是常事。遗憾的是，后来的几次月考，我的那顶桂冠被那个考试总坐在我身后、学号是2的于杰夺走了。

于杰，是闻名全校的才子，熟读四书五经，上知天文下知地理，一双大眼藏在一副高度近视眼镜背后，蓬松的偏分头搭配运动衫、牛仔裤，有几分像年轻时的童安格。不过，这个气质儒雅的男生私下却是个十足的"话痨"，尤其在熟人跟前，说话如机枪"突突突"般扫射，没有半刻停歇，丝毫不给对方留半分插话的空当。

对文史的热爱，让他在高三文科班混得风生水起，充沛的知识储备像火箭推进器一样，助他在得分之路上一飞冲天。而我选择文科的理由，只是觉得它学起来轻松，以为只要多背多记，结果就应该不会太差。然而，每次月考成绩出来，我刚刚及格的政治、历史成绩都在于杰炫目的分数前瑟瑟发抖。好在傲人的数学成绩又让我得以扳回一局，因为数学是于杰的短板。

在很长一段时间里，在我有限的认知里，于杰被我视作学习上的头号对手，我时常在心底盘算着彼此的胜算概率。教室里，我们的座位一南一北，中间隔着八行课桌，被成摞的参考书和黑压压的人头分隔开。

有这样一个强劲的对手在身边，让我的高三生活略显沉重，加上自身个性内向，习惯待在自己的世界里单打独斗。很多次，在于杰主动跟我聊天时，我感觉都有一种莫名的压力伴随着他口若悬河的话语一并袭来。

因为是走读生，每个早晨、下午的第一节课，于杰都雷打不动踩点赶到教室，精准到我们一看到于杰背着书包走进教室，就明白该上课了。而下课铃声一响，老师前脚出门，他绝对后脚就跟着出去了。走廊上、操场上，时常会见到他跟朋友闲聊的身影。总之，他就是一尊只有上课才会出现在教室的"大神"。

每次月考结束，于杰总会从走廊推开我旁边的窗户，索要我的试卷翻看分析。无论成绩优劣，他都会给我戴顶高帽子："数

学解题方法简单，语文作文写得棒，英语听力不错……"就连我那总被老师评价为自由发挥的政治试卷，也会被他夸赞成"看问题角度独特"，话到终了，他还总不忘把自己贬低一通。

你看，这个对手多狡猾，隔三岔五送来一枚糖衣炮弹。可谁又能否认，在气氛压抑的高三，有时我们也需要这样的糖衣炮弹去击破自我怀疑，在别人的欣赏、鼓励中去追逐一丝丝希望的曙光。

高三是一段航程，许多人心中都会有一座灯塔作为指引，尽管于杰从没提过他的理想，但我能从他的话语中感受到他对中国人民大学的向往。而我，在自己的那座灯塔尚未明晰之前，赶超于杰就是眼下最真切的目标。

高三的日子像被拧好发条的闹钟一样循规蹈矩行进着。不过，时间在冬季的一场大雪中突然被按下暂停键，在这座变成冰雪世界的小城里，同学们暂时从忙碌的备考中解脱出来，一下课就冲进雪地里溜冰打雪仗、追逐撒欢。

操场上，于杰放肆地朝我扔雪球，我则趁其不备回击他一个更大的，还在他刚进教室眼镜起雾时，找准时机把一个雪球塞进他的衣领。那一刻，大家都顽皮如孩童一般，呈现出自己活泼调皮的一面。

这一场雪给了我们短暂放松的契机，也是在这一个寂静的雪夜，我的耳朵突然

生出"嗡嗡嗡"的幻听，像一根紧绷的琴弦突然崩断，余声久久回旋。校医检查后，对我说是低血压、贫血导致，建议输液调养。

随后的两周里，每天午饭过后，我都会带一本书去校医院挂水。冷清的病房里，除了我，还有一个发烧的男生。在交谈中知道我的名字后，那个男生恍然大悟："原来你就是于杰老提到的那个1号啊，他说你非常厉害！"

我尴尬地回应："于杰就喜欢给人戴高帽。"男生憨笑："那是你不了解他，他那么骄傲的一个人，不轻易夸人。他还说多亏班里有你这么一个优秀的楷模，他才被带动着进步。"一席话毕，我面红耳赤却无言以对。往往，我们从第三方口中听到的表扬更接近事实真相，于杰将我视作学习楷模，而我狭隘地把他当成竞争对手。

暖阳普照，积雪消融，我的耳朵不再嗡嗡作响，心头的一堵高墙也随之崩塌。我开始学于杰那样，一下课就去户外散心，还在于杰的建议下，开始涉猎有趣的文史杂志、关注时事新闻。

于杰依然按照自己的节奏上课、下课，甚至一到晚自习就缺席回家，似乎教室只是高三的一个过场。他的学习方法让许多同学都很好奇，直到高三下学期伊始的一场家长会，我们才得知他学习上的"秘密"。

于杰的老爸作为嘉宾，跟家长们分享了于杰的学习方法。他说，于杰现在的成绩全凭一点一滴的刻苦积累。读高三后，于杰每天过得跟苦行僧一样，6点起床，读两个钟头语文、英语，中午回家看完新闻才开始午休，晚上做文科试卷、数学题。现在，于爸最担心的除了于杰的数学，还有他的头发。"在数学上花费的精力太多，但是成绩进步缓慢，反倒是现在每天早上起床大把大把地掉头发，我也不想给他太多压力，尽力就好。"于爸把这些事情一股脑地和盘托出。原来，所有看起来的毫不费力，都是因为背后有十二分的努力。

高考那两天，在被乌泱泱一片人包围的考试现场，我们远远看着对方，送给彼此一个微笑。走出考场，于杰也没有主动跑来与我核对题目，此时的我们都清楚，我们是并肩作战的战友，不到最后，都不要给对方如履薄冰的身心添加一丁点儿的言语负荷。

高考结束，于杰依然是第一，我以五分之差紧随其后，不过我们都去了理想中的大学。于杰去了向往的北京读社会科学，这个目标明确的男生每一步都不偏不倚踩在点上。

偶尔，我会想起于杰送来的那些"糖衣炮弹"，那何尝不是他给自己加油鼓劲儿呢？感谢高三有你，我的头号对手！

高考三天的记忆早已模糊，但这一年却永生铭记。我们曾为了心底的那个梦想纯粹而坚定地努力过一年。

我们守住孤独，

只 为 刹 那

芳 华

✽ 卷耳喵

我的高三开始于六月底一个炎热的日子。

暑假还没过完，学校便以自愿的名义号召高三的莘莘学子来校上自习。除却特立独行天赋异禀的学霸，破罐子破摔混沌度日的学渣，我们这些庸庸碌碌但仍还怀揣着些许痴念的学生，每天像勤劳的小蜜蜂般顶着骄阳在学校和家之间来回穿梭。

有着几分矫情和伪文艺特质的我，在自习的第一天中午，来到校园超市，从一堆花花绿绿的笔记本中寻了最素的一本，还顺带买了几支五颜六色的签字笔。郑重其事地选了一根红色的，在本子的扉页上写下了硕大的四个字：高三生活。

七月的太阳真毒啊，即使立式空调呼呼大吹，头顶风扇不厌其烦地转来转去，坐在角落里的我依然可以用汗水打湿厚厚的试卷。班主任站在讲台上，一遍遍地向我们阐释高考的重要性，一遍遍地告诉我们要清心寡欲，要放平心态，好似我们是庙宇中修行的和尚，六根清净方得始终。

我和小猪两个人因为话多，从后排被调到了最前排。一米七的我满是不服气，总是挺直脊背，身后的小波便总是轻轻搔痒般用手指戳戳我："矮一点，矮一点。"哦，那时忙着跟老师置气的我总忘记她是个不到一米六的小姑娘。

我在正式开学的那天把一桌斗的言情小说收起，厚厚的一摞，平日里抬水都不眨一眼的我在抱起书时晃了一下，差点松了手。小猪乐呵呵地看着我忙前忙后，她依然把小说塞在历史书里看得酣畅淋漓，那些扭捏矫情的爱情故事，用她的话来说是她高三枯燥生活唯一的调味剂。她总是嚣张地向我叫嚣她是要考中文系的人，而我这个立志学经济的就应该专心钻研数学方程式。

那是我上高中以来第一次如此认真地学习，整整三个月，我真的就再也没有看过一本闲书。小猪也一改往日心不在焉的状态，两个人正襟危坐着，每做完一张卷子，就总觉得离梦想更近了一步。天天痴傻地盘算着，一次提高多少分才可以把我们送入梦想中的学府。

然而，高三对我们的第一次打击很快就来了。我跟小猪竟同时考出了高中最差的成绩。我甚至不相信地跑到老师办公室要求查分，结果却丝毫没有改变。

画满 × 的数学试卷和分数少得可怜的文综试卷。就那么薄薄的几页，却被我翻来覆去一遍遍翻看，那些我曾经演算过的习题，背过的定义，模拟卷上下笔如有神的过往，此刻怎么就换来了这么点分数呢？看到最后，连小猪都在说，算了吧，没用的，只有继续努力。

我们两个趴在桌子上，信誓旦旦地计划寒假要好好学习，要改头换面。至今都记得班主任在讲台上强调学习时恶狠狠地看着我俩，她不服气，我也是。我俩把"故天将降大任于是人也，必先苦其心志，劳其筋骨，饿其体肤，空乏其身，行拂乱其所为，所以动心忍性，曾益其所不能"每人抄写了一遍，贴在课桌最显眼的位置上，说好作为每天晨读的第一个名句背诵，来增强那少得可怜的自信心。而我们竟然也真的这样做了，一坚持就是半年。

新学期开学的一个晚自习上，语文老师给我们读了许多故事，一个个励志的高三学生的故事。我就是在这时第一次听到了《花开不败》。

职烨写得真好啊，洋洋洒洒几千字，细腻温柔的描绘，荡气回肠的转折，语文老师用他那干瘪的嗓音生生将我读出了泪来。故事还有很多，我却仗着第一排的优势，将它要了来。低碳环保的时代，正面是文章，背面还是打版用的语文试卷，纸张泛黄。

我一遍遍地读，用彩色的荧光笔画下那些让我心潮澎湃、激情满满的句子。每一次不想看书的时候，每一次小考不理想的时候，甚至课间休息的时候我都会拿出来读一读，再读一读，把心里那个神圣学府的名字念一遍，再念一遍。

高三的我们，很容易被细微的情感触动。

我和小猪熬过了那个天冷心更冷的寒假，熬过了温度波动异常的初春，我们始终抱着内心的执着，画完了一张又一张草稿纸，涂满了一份又一份文科卷。终于在全市第一次模拟考时，我从年级一百五十名开外的名次一路冲进了前五十，跌破了所有人的眼镜。而小猪，也从二百名开外的名次闯进了梦想中的前一百。我俩相视而笑，说要向鱼香茄子饭还愿。

那是模拟考前的最后一顿晚饭，我

们俩煞有介事地对着面前的鱼香茄子饭许愿。人潮拥挤的食堂内，我们两个穿着校服的傻姑娘，就那样正襟危坐，闭上双眼，合上手掌，碎碎念着心中的期许。那一刻，好像一切的嘈杂都不存在，只有两个虔诚的香客，在走投无路的情况下，向一份鱼香茄子饭寄托了自己的痴念。

后来的每一次模拟考，直至高考前夕，我们都会去固定的位置，点一盘鱼香茄子饭，傻兮兮地做许愿仪式。仿佛真的灵验一般，从那之后的每一次考试，我们都如期完成了目标。那样神奇的存在，我们互相调笑着，是我们的努力感天动地，有了神仙来为我们还愿。

其实我们怎么会不知，那一个个寂静无人的黑夜，我们两个互发信息提醒彼此要完成制订的学习目标；昏昏欲睡的早自习，两个人互掐胳膊来提神，臂膀一侧的红印，久久都未消散；甚至每天少得可怜的晚饭时间，我们都在啃面包做题中度过。

又是一年的炎夏，窗外的花一簇簇地开放。高考三天的记忆早已模糊，但这一年却永生铭记。我们曾为了心底的那个梦想纯粹而坚定地努力过一年。

我想不管结果如何，我们守住了孤独，守住了苦涩，迎来的都会是刹那芳华。

远大前程，我自己挣

曾看过一个电影，其中有一段情节给了我很深的感悟。智者问勇士："铸造一把好剑，冰与火哪个更重要？"勇士回答"火更重要"，而智者纠正了他："冰与火同样重要。"

灼热的烈焰把铁块熔化，经千锤百炼后将之塑造成锋利的剑刃，浸入冰冷的水中，水雾腾起，水花滋溅，火红的剑变为银白色，锐利而坚韧的宝剑闪耀着寒光。火的磨砺塑造剑的模样，而冰是剑成形的关键。冰火相生相克，万象乃成。

偶然相遇的这个简单的故事，在冥冥之中与我产生了千丝万缕的联系，它指点着我不断感悟、不断求索，而我高中三年的回忆亦与之重合。

❋ 裴梓彤

锻造一把好剑，冰与火同样重要。

冰与火之歌：从入校 800 名到北大

火的磨砺：初入一中

初入一中，紧张而充实的学习生活和庞大的信息量让我感到十分头疼。当时的我心智尚不成熟，内心浮躁，也不懂得合理安排时间，海量的知识没有止境地向我涌来，我真正能掌握的却少之又少。学习的过程如同一种折磨，让我总想逃离。但与此同时，一种前所未有的满足感也从我心底悠悠升起。随着时间一天天过去，学到的知识越多，世界在我面前仿佛就越来越清晰、越来越宽广了。

入校时我的成绩排在年级 800 名，似乎是个不能再糟的成绩，入校之后几次考试，我的成绩虽有所提升，但仅仅在五六百名徘徊。而之前成绩与我不分上下的同学都在年级 200 名内。每每看到他们的成绩，我心中总泛起一阵阵莫名的不甘和深深的落寞。于是，我把自己的目标定在年级前 200 名，希望能找回当年的自己，向着我昔日对手的背影奔跑，攀登他们所在的擂台，回到过去，走向未来，填平我与他们中间的沟壑！

文理分科后我阴差阳错离开原来的班级，内心十分不舍。但宇翔老师寄语："作为一个追求理性的人，选择是一种成长，为了成长应该'鼓盆而歌'。"尽管能力弱小，尽管深陷迷茫，但有一件事我却能够清晰地意识到：三年磨一剑，我会这样继续走下去，不断地学习，直到那决定我命运的时刻，我相信那把三年磨就的利刃，会展现出它最绚烂的锋芒！

冰的淬炼：打破迷惘

所谓大彻大悟一定是在无边的困顿后出现的。迷惘是醒悟的最佳条件，困顿中的坚持带来的是柳暗花明的风景。我记忆最深刻的醒悟和转变有两次。

首先是英语让我重拾信心。初来一中时我的英语成绩并不出众，仅仅是中等水平。高一上学期期末，我认认真真地学习了一段时间英语。分科考试结果出来后，当时的我真的都惊呆了，英语成绩第 6 名！这样的成绩刷新了我的自我认知，让我认识到自己的巨大可能性，从此我对英语燃起了火焰般的学习热情。

英语早自习我会忘我地朗诵名篇、背诵单词；听关老师讲课时手中的笔一刻不停地记录下知识点，不放过每一个精彩例句；有片刻空闲便翻阅字典进行单词补充和延伸，集中精力理解感悟。英语几乎成了我的提神剂，上完英语课后的良好状态往往能在上其他课时继续保持下去。我的英语成绩此后稳定在了年级前列，其他科目在此带动下也有所提高。

其次是学习状态的转变。"如何提高学习效率"这个问题一直困扰着我，从前的我在学习方面实在绕了太多弯路，种种不良习惯给我带来了极大的困扰。直到高一升高二时，我在机缘巧合下幡然醒悟——只要去除杂念，心存清虚，寻求"致虚极，守静笃"的专注境界，便可潜心投入学习，一切困难仿佛也迎刃而解。我惊觉从前在课堂和早自习犯困、作业无法按时完成、弱势科目提不上来的根本原因，并不是睡眠不足、天资不够，那只是我软弱和逃避的结果。支撑我的是信念，是对目标的坚守和对自我的坚信所凝聚的那份毅力。那次月考我考了文科第 40 名，对我而言真的是一个不小的进步。

这两次转变让我收获了学习的信心和热情。我感到学习时不能把知识当作枯燥乏味、与己无关之物，知识是活生生的，是有血有肉的。虽然高中的应试教育使得各个知识点略显刻板，但你若以热忱而真挚的心对待每一个学科，它定然不会辜负你的求索和努力。

利刃出鞘：我的高三

学好一门科目在于极致的追求和对完美的苛求。刷再多的题，做再多的卷子，若仅是浅尝辄止，效果定然不会太好。

比如记完笔记之后，深入理解重点难点，找出问题后，大量地阅读相关知识，梳理清楚自己不理解的地方，并做一些相关延伸与补充。一句英文不理解便查字典理解单词释义，摘录最能加强你对单词的理解，如果句子中还有其他看起来重要的词语或用法，就继续延伸，直至把一连串问题都解决掉。体验一下这种畅快淋漓地去寻求答案的感觉，每一个知识点，每一份试卷，都要学到通透，你的收获会多到你难以想象。

学习讲求融会贯通、触类旁通，课本外的广阔世界至关重要。挑战高度要趁早，拓展广度机不可失。找不到学习方法时，可以尝试去攻克一道难题或去学习高于所学知识的内容，不要产生畏难情绪，放宽眼界，才能攀上高峰。

会有瓶颈期，坚持就好。坚持与自信会带来柳暗花明的喜悦。其实，心理因素往往是最大障碍，七情六欲总会萦绕在心，千万烦恼的扰乱难以避免，及时调整才能有所突破。未来还有大风大浪，何必被小小瓶颈卡住？

高三时我有一段时间心情浮躁，心思紊乱，难以专注学习。后来我尝试坚持每天运动，每天傍晚我都会去操场跑步、做波比跳，风雨无阻。这份坚持给了我丰厚的回报，我渐渐学会了与自我和解，与外物和解，不再偏激地执着于表象，而是沉下心来，体悟事物的内在。之前的忧愁烦恼逐渐变得云淡风轻，学习效率也得到了显著提升。

高考的时候我没有过分紧张，心中感到平静而兴奋。填报北京大学提前批时我本来并没有抱被录取的希望，因而当捷报传到身处呼伦贝尔大草原的我与父母这里时，我们都感到恍恍惚惚，难以相信自己的眼睛。

冰与火兼备方能铸就一把好剑。长路漫漫，愿你我皆能秉此二物在心，定能获得似锦前程。

自我被理想的师范大学录取的那一刻起，我便清楚地意识到自己的教师梦即将实现。

自那之后，便有许多学弟学妹向我"取经"，每次我给出的答案都是：自律、坚持、耐心。这六个字阅读起来简短，做起来却难上加难，但我觉得只要心里有梦想，加上规律学习，遇到困难咬牙坚持，耐心去解决每个小错误，与梦想的距离一定会越来越近，最后把它紧紧攥在手心。

教师梦

我出生在教师家庭，因此从小便对教师这个行业充满好感，随着年龄的增大，对于教师的看法渐渐变得复杂，觉得教师并不像我小时候所认为的那样"威风"，它是一份既让人操心又神圣的工作，但这恰恰使我成为一名教师的理想更加坚定。

坐在讲台下听课时，我经常会畅想未来自己站在讲台上的样子。

由于对家庭的依赖，我把目标锁定在了本省的师范大学，距离家的车程只有两小时左右，但我查阅了一下自己喜爱的化学科目，分数线并不低。

高三时，每位同学都会根据自己最真实的情况去选择院校，很多人在梦想

稳扎稳打，
高三必胜

✤ 念衡

同学们，如果你们有梦想，请一定要坚持住，千万不要放弃。

和现实之间，都选择屈从后者，但我依然选择坚持自己的梦想，身边的好友都在劝说我量力而行，可这个念头已经在我心底埋藏了十几年，我不能这么轻易就放弃。

我清楚记得，班里有同学听到我的理想院校后，选择了嘲笑："明明是二本的分数，非要考重本，不落榜才怪。"

听了那些话后，我不予理会，而是默默在课桌的右上角贴上了一张字条，上面写着：稳扎稳打，高三必胜！

高三的每一天，入睡前我都会畅想着自己行走在校园中的样子，这会让我充满奋斗的劲头。

尽管高三的时光是灰色的，每天千篇一律，披星戴月地重复着机械的刷题工作，但我庆幸自己没有放弃，坚持到了最后。

回忆起那段全力以赴的日子，我很感谢那个不服输的自己，正是因为她，才能有现在的我。

自律 + 坚持 + 耐心

高三是一场争分夺秒的无声战役。首先，我们要拥有一个专属的学习计划，并严格执行。萧伯纳曾经说过："自我控制是最强者的本能。"我将每天的时间安排得有条不紊，每天在规定的时间做固定的事情，但偶尔会出现突发状况打乱我的学习计划，这时只需要简单调整即可，但不可以"三天打鱼，两天晒网"，这样的话，一切计划都会成为不堪一击的纸老虎，效果只能适得其反。

其次，我个人建议学习计划中不应该只有学习，也要适当穿插休闲和体能训练，因为高考除了考验智力，更是体力和耐力的较量。

人是需要劳逸结合的高级动物，如果神经一味紧绷，那么总有一天会将气力用尽全局崩盘。

高考前夕，我们班里的许多同学纷纷生病，有人感冒发烧，有人上火口腔溃疡或者咽痛，还有人失眠，其实归根结底除心理压力太大外，很大一个原因在于备考过程中没有得到及时的体育锻炼，身体免疫力没有得到增强。

试想，一个人每天提不起精神，就算24小时都在刷题，也很难有高效率。所以我建议大家每天抽出一些时间去慢跑或者做仰卧起坐，简单的运动会让人神清气爽。

再次，熬夜是万万要不得的，一定要早睡早起，这样不仅头脑清醒有利于思考，而且学习的效率会更高。一日之计在于晨，只要利用好清晨这段记忆的"黄金时间"，学习文科类的科目，绝对事半功倍。冰冻三尺非一日之寒，只要我们利用好每天的碎片化时间，长此以往，我们会靠量变引发质变的。

最后，我想说万事开头难，一定要坚持住，不要拖延或者抱有侥幸心理。不积跬步，无以至千里；不积小流，无以成江海。下面，我把自己的一些学习经验分享出来，希望能帮助大家蟾宫折桂。

先说语文和英语，这两个科目都要依靠大量的积累，比如英语需要每天重复记忆单词，还要听英语录音去培养语感，即使现在英语不考听力了，我依然建议大家时常看一看美剧或者听一听英文磁带，不要学成"哑巴英语"。

语文的古诗词、古文翻译等需要下真功夫，细心记忆，不要放过每一个可能会考的知识点，作文素材也要多多积累，而不是只记住寥寥数个，考试时不管作文话题合不合适，都生搬硬套。关于这些记忆的东西，好记性不如烂笔头，我建议大家落实在纸上，写的同时也念出来，这样一来，眼耳口三位一体，记忆效果最好。语文作文方面，我建议大家一定要养成阅读的习惯，不仅英语需要语感，语文也属于语言类的学科，对于语感的要求自然也不会低，多读书不仅能开阔我们的眼界，也能让我们在"口语化"和"书面化"之间转换自如，而不是将二者杂糅在一起。

再谈数学，数学是让很多人头痛的科目，也是我最弱的科目，需要题海战术，但在实行这个战术之前，一定要有扎实的理论基础，否则刷题时会痛苦万分，觉得寸步难行。

数学会分很多个专题，我们最好有的放矢去攻克自己的薄弱部分，再准备一个错题本，随身携带，只要我们稳扎稳打，一定能战胜数学这个"大魔王"。

最后是理综，这个占分最多的科目。其中物理逻辑思维强，化学知识点杂乱，生物偏文科，需要我们使用三种截然不同的思维去学习。关于物理，我的建议是和数学一样，先从基础下手，接着刷题，积累错题，不要在同一块石头上跌两次跟头。

关于化学，这是我最擅长的科目，它的知识点看似琐碎、没有章法，实际上却是最有规律的一门科目，只要细细摸清它的脉络，牢牢记忆，多做笔记，便可轻松抓住化学的"七寸"。

生物和化学一样，这两门科目的理论知识都是固定的，计算极少，只要经过大量的记忆和自我考察，相信考试时定能取得好成绩。

同学们，如果你们有梦想，请一定要坚持住，千万不要放弃。

只要用心浇灌梦想这颗种子，倾尽汗水与泪水，金秋的九月，我们一定能含笑收获最甜美的果实。

稳扎稳打，高三必胜！

我们都可以是那匹出人意料的"黑马"

✻ 紫米

当你决心去做一件事情的时候，全世界都会为你让路。

回望高考那段人生历程，我仍然会叹一口气，向别人说道："不容易，真的不容易。我以前可是倒数。"

现在的我谈及倒数的名次，早已是云淡风轻，但对当时的我来说，却是挥之不去的伤痛，深深刻在我的高一生涯中。我停下手里的笔，闭上眼睛，试图拼凑起那些记忆碎片。

时间就像一阵风，将我吹向措手不及的大学生活，也将我吹回闷热的高中校园……

耳边窸窸窣窣传来分发试卷的声音，期中考试的成绩下来了。

拿到成绩的那一刻我欣慰地对自己说了一句："离目标又近了一步！"大家也对我这次的成绩议论纷纷，有人说："没想到你深藏不露！"有人说："你这次运气好好！"也有人说："我就知道你这次肯定会考好！"这些话语充斥在那个短暂的课间十分钟，是真心祝福，还是暗含讽刺，我已不再深究。我只清晰地记得，上课铃响后，班主任走到我身边，温暖的大手搭在我的肩上，说："这次小庄进步很多，像一匹黑马，排名一下就上来了，大家可要学学这种精神啊！"

那是我第一次听见老师说，我是一匹"黑马"。

"黑马"，指的是出人意料的优胜者。是的，我成了本次期中考试的"黑马"。我的座位号是51，在那个习惯用成绩编码座位的年代，这仿佛公开声明着我进班的成绩属于班级倒数。当座位号 51 的数字出现在成绩单第 8 名的位置时，确实有点出人意料，但只有我自己知道我为了这一切经历了什么。

从此，"黑马"成了我的标签，一直伴随着我走到高考那天。

迷迷糊糊的高中生活到此结束

我并不是一开始就是"黑马"，我也曾过着粗放式的生活。

刚进入高一那会儿，我还为自己能考上这所重点高中而沾沾自喜，然而好景不长，高中生活的第一周就给了我当头一棒，我被分到了所谓"慢班"。

"慢班"的生活对我来说是一种粗暴式的放养，学习任务虽没有想象中轻松，但放养式教育让我不紧不慢，从来都意识不到自己的退步，直到模拟考才知道自己落了好大一截。

自尊心受挫的我，开始检索这样的分数能够上什么样的大学，企图为自己寻求一丝心理安慰，但结果使我崩溃。憋在心底的眼泪无路可逃，统统挂在了我的脸上。记得那天晚上，我企图逃避一切，戴上耳机，莫名循环到了一首歌，歌手用充满故事的嗓音唱着那句"我看着没剩多少时间，能许愿好想多一天，我们的明天"。我惊醒，这句歌词击中了我。

我彻底意识到，什么叫作"时不我待"，高考真的没剩多少时间了。

我不能再迷迷糊糊地度过所剩无几的高中时光了。

制订计划，我要重新出发

从小我就有一个梦想，到北京去上大学。北京有着深厚的历史文化底蕴，也有着丰富的教育资源，是我梦寐以求的一座城市。

我小时候看电视，心中暗暗告诉自己，要去天安门广场看升旗仪式，要去长城登上好汉坡，要去圆明园追思历史，要去故宫感受传统文化……但这些梦想在我一塌糊涂的成绩面前显得可笑而卑微。

我痛定思痛，意识到高考在即，我决定制订一份学习计划。

我的学习计划很简单，就是对各个科目持续进行查漏补缺。

高中的知识早已学完，但是却不是每个知识点都被我吸收和掌握。因此，我为每个科目都制作了错题本，我将每一次的分数和错题都剪下来，贴在各科的本子上。赤裸裸的红色"×"号和低分，让我清楚地了解到自己各个阶段的水平和知识的漏洞。

为了激励自己，我把鲁迅先生的一句话摘抄下来，贴在了我的笔筒上——"真的猛士，敢于直面惨淡的人生，敢于正视淋漓的鲜血。"

对我来说，红笔写下的低分与"×"号，就是我的"鲜血"，但我必须直面它们。

我告诉自己，只有攻克高考这道难关，我才能到北京高校就读，才能选择一条更好的路。我已经没有什么可以失去的了，又何必退缩呢？我需要直面自己的"伤口"，撕开它们，直视它们。

我真的成了"黑马"

当一个人有了一个清晰而坚定的目标之后，他就会排除万难，努力朝着这个方向前进。

下定决心要考北京某所大学之后，我的世界变得纯粹多了。

为了节省时间学习，我剪掉了长发。我不再在乎脸上是否又多出了几颗青春痘，我不再在乎自己的体重是否又上升了几千克，我只在乎我每一次的模考成绩是否能超过那所心仪的大学的录取分数线。

当我将每门学科的错题本贴成厚厚一摞时，我的成绩也获得了显著的提高，从第51名的进班名次逐渐进步到班级第30名、班级第18名，再到班级第8名……这种进步是喜人的，但只有付出努力的人才知道这种喜悦是用多少泪水和汗水换来的。

我改变了很多，我以前习惯踩点到教室，但为了争取更多早读背诵时间，我成了第一个到教室的人；我以前喜欢与同学一起沉迷于食物带来的满足感，但为了利用饭后的时间刷选择题、背语法，我开始独自吃饭；我以前喜欢下课趴在桌子上睡觉，为了挤出时间巩固知识点，我开始课间翻阅错题本……甚至晚上焦虑得睡不着时，我会再听一篇英语听力，或者跑到卫生间背诵一个单元的政治或历史。

这也是我第一次感受到时间可以如此高效地被利用，当我学会用碎片化的时间去复习一个个知识点时，每天我都可以对昨天的知识进行巩固。正如艾宾浩斯遗忘曲线所呈现的那样，遗忘在学习之后就开始发生，只有每日对昨日的知识点进行巩固和复习，次日再对记忆微弱的知识点进行巩固，不断进行螺旋式前进的一轮轮知识点复习，才能记住更多知识点。

当某一次考试我成了班级第1名时，老师们纷纷提到我是一匹"黑马"，为了鼓舞班级的士气，他们不厌其烦地提起"黑马"是如何出人意料地成为优胜者的。

当然，我知道"行百里者半九十"，如果止步于这种骄傲，很难再向上迈出一级台阶。因为清楚地知道目标是高考那最后一战，所以我尽量屏蔽外来声音的干扰，还是一如既往地按照自己的计划表走，利用碎片时间去背诵、去刷题。

我也意识到，题海战术的优势不在于你做了多少题目，而在于你做题时发现了多少知识漏洞。

最后，高考一战，我成功被北京某"985"高校录取，我真的成了那匹"黑马"，成为老师口中的逆袭者，也成了学弟学妹的榜样。

你也可以是那匹出人意料的"黑马"

我们小时候可能都听过这样一句心灵鸡汤：当你决心去做一件事情的时候，全世界都会为你让路。

当你内心真正想要做一件事情时，希望会生根，梦想会发芽，路途上的困难会被你一一铲除，坚定你的目标，没有什么能够阻挡你前进的方向，你也可以是那匹出人意料的"黑马"。

从400分到600分，我终于逆袭成功

在基础差的时候，自主学习很可能效率更低，跟着老师走是更加明智的选择。

✲ 佚名

我在高三之前，总分从来没超过400分，而高考我考到了600分。本来连上二本都危险的我，考上了一所"985"高校，我终于在高中的最后一年完成了逆袭。

现在回头看，在我的高中三年里有三个关键节点，对结果起到非常重要的作用。其中最重要的两个，都发生在高三。如果你也和我一样，想要在高三逆风翻盘，却不知从哪儿起步，那么请好好看完这篇文章。我用自己的经历告诉你，这场仗要怎么打。

初中升高中后，我发现自己没办法进入高中该有的学习状态。学霸好像从高一就开启了疯狂模式，而我看在眼里却无动于衷，甚至觉得厌恶。高一的我，真的讨厌高中压抑的学习氛围，死气沉沉的课间、

老师们严厉的眼神以及总被霸占的体育课。整整一年，我没心没肺地上课，作业有时写得用心，有时直接开抄。

但那时候，我是有一点野心的，也想去一所好大学。我对自己的定位绝对不是混吃等死。那时的我似乎一直都没有准备好开启苦修模式，整日徘徊在积极与消极之间。我高一的成绩一直在班级中下游浮动。可在高二开学时，我突然感觉到，这次开学像是一场无名的仪式，让所有人自愿褪去高一的不适应，默默在心中开启自己的征程。过去和我一起看小说的哥们儿不再喊我去逛书店了，坐在第一排的女生似乎也很少再讨论八卦了，周围的同学都有了想考上的大学，这一切都在告诉我一个事实：必须开始战斗了。

高二，当我想开启学霸模式的时候，却发现根本开启不了。过去一年，我一直在用同样的借口麻痹自己："现在我还没使出全力，还不到时候。"当我真正想要奋起直追时，却被试卷按在地上一次次摩擦。我对于冲刺一个好学校的欲望本来没有多么强烈，可一次次难看的分数下来后，自尊心反而强化了我的不甘。我就是不服，我必须赢！终于，长这么大以来，我第一次发自内心地想要变成很厉害的人。虽然心态有了变化，但成绩依然很差，在升入

高三之前，从来没有哪次能超过 400 分。

高三开学，所有人心照不宣地踏上这场苦行的最后一程。第一轮复习开始的时候，我起床的时间从 6 点变成 5 点，但我逐渐意识到，自己过去的努力其实是有问题的。我喜欢在早自习重复背那些已经滚瓜烂熟的文言文，喜欢把英语教辅资料里总结的固定用法剪下来贴在笔记本上，但不去背诵。错题本上更多的是摘抄错题，而不是再做一次，直到彻底搞懂。我也试过刷题战术，但遇到简单的题便懒得去做，遇到难的题又做不出来。好像很努力，但没有一点用。

你有没有发现，我的努力其实全都集中于"简单"的事情。反复背诵已经掌握的东西，不费脑子；搜集教辅资料的知识点，也不费脑子；把做错的题抄在错题本上，依然不费脑子；刷简单的题，跳过有难度的题，同样不费脑子。这种机械的学习方式，几乎是纯粹的体力劳动，花了大量的时间，其实做的都是无用功。在第一轮复习时，我终于意识到这一点。不能把劣质的努力当成真正的努力。

在我的任督二脉被打通之后，我做的每一件事都收到了明显的成效。过去是什么简单做什么，那之后我是"哪里不会点哪里"。这样的学习方式，真的

费脑子，但奇妙的是，一点儿都不累。不仅不累，反而让我感受到学习的乐趣。一个个难点被我突破，月考的成绩突飞猛进，我知道自己终于踏上了正轨。我清楚地了解了自己的薄弱点在哪儿，更清楚我需要的只是时间，只要按部就班，就搞得定。全盘皆在我心中，这种对学习的掌控感给我带来了巨大的自信。我知道自己的进度快慢，知道自己应该在哪个晚自习着重复习哪个知识点，知道要战略性地放弃什么难度的题。一轮到二轮，一次次抽考、统考、联考，我能感觉到自己的进步。我的排名终于上升到年级前一百，也有自信稳过一本线了。但高考前大概两个月，我陷入了瓶颈期。

一轮复习开始的时候，我一直是紧跟老师的节奏。这种方法对于一轮，甚至二轮都很有用，因为那个阶段目的依然是巩固基础。老师们按照课程安排上课，我也受益匪浅。但高考前大概两个月，二轮复习已经快结束了，对于各科知识点的掌握也已经接近饱和，那个时候我发现，老师的课程安排已经对我没什么价值。只有我自己清楚，我还有哪些知识点掌握得不好，哪些知识点已经烂熟于心，所以我做了一个决定，除了听老师讲一些有价值的题，其他时间我按自己知识点掌握的程度安排学习进度。这样，我可以支配的时间突然多了好几倍。我在语文课上做圆锥曲线；在生物课上算万有引力；在晚自习大家刷着老师布置的卷子的时候打开错题本，直到有信心把整个错题本都扔掉。

事后也证明，我在最后两个月选择按自己的节奏学习，是一个正确的决定。当然，前提是自己真正清楚自己的薄弱点到底在哪里。在基础差的时候，自主学习很可能效率更低，跟着老师走是更加明智的选择。

高考，我正常发挥，刚好600分，考上了一所"985"高校。现在回想起来，高中一共发生了三件重要的事情，帮我实现了最后的逆袭。

第一，我终于再也受不了自己的平庸，学习从被动变为主动。

第二，我抛弃了所有的劣质努力，只做有用的练习，再也不会自我感动、自我欺骗，而是从切实的进步中获得成就感。

第三，我在瓶颈期做出了正确的选择。真心希望，看到这篇文章的你，不管距离目标有多远，都不要放弃。

千万千万，不要辜负你的野心与努力，不要辜负晚自习下课，月光下人潮中，那个心中夹杂着沮丧与迷茫、向往与执念的自己。

清水派的高三，也有

别样滋味

❋ 夏晚意

有时候我在想，青春之所以绚烂而美好，正是因为有让我们破茧成蝶的高三吧。

我的高三是从班里的论茶大会开始的。高三返校那天，我刚走进班里就看到同学们在激动地谈论着什么。问过同桌后我才知道大家是在讨论茶叶，同桌也把她带来的茶叶拿给我看。

我心底的莫名其妙忽然有了答案，原来大家是在为未来一年紧张的复习生活做准备。由于大家以前听了很多关于高三生活压力大，容易犯困，上课注意力难以集中的言论，所以他们就提前对症下药了。他们买了各种品牌的茶叶，用来和疲倦困乏做斗争。同桌问我要不要尝一尝她带来的雨前龙井，我急忙收起自己的水杯，拒绝了她的好意。

茶叶确实可以驱赶睡意，但比起莫名的精神亢奋，我更想保持头脑清醒。所以我保留了自己的那杯无色的清水。

我们返校的那天晚上高三生活就正式

开始了，没有预告提示，也没有任何缓冲，高考这个终点站就直接出现在了我们面前。它在若隐若现的地方等着我们走过去，一年的征程就此开始，可开始键刚按下，时间就像有了加速度一样流逝着。

高一高二两年里，我的成绩提升得很慢，其实直到高二结束，我才找到高中学习的节奏。但高三的学习节奏和以前完全不一样了，而且距离高考也只剩下了一年的时间，我忽然就乱了阵脚，之前做过的所有心理建设也在那一刻全部土崩瓦解。

我知道自己得抓紧时间，所以我每天早上都会在早自习开始之前到教室，晚上会在教学楼熄灯之后再回宿舍继续学习。但即便是这样，我每天仍然有很多作业和试卷写不完。高三开始的第一个月我就崩溃了，夏末的炎热蒸腾着教室里的茶水味和咖啡味，那两种味道混合在一起，有一种难以名状的感觉。我的大脑里一片混沌，我终于忍不住逃出了教室。

我在课间从教室冲向操场，我渴望清爽的风，想呼吸新鲜的空气。我在跑道上快速奔跑着，不顾一切地奔跑着，想要把心底所有的烦闷发泄出来般奔跑着。当我大汗淋漓地回到教室的时候，我意外地发现自己的心里居然有一种轻松的感觉。当我坐到自己的座位上，眼前的难题不再让

我感到沮丧。我忽然想要做出改变。

我开始重新寻找自己的最佳学习节奏和状态，同时我也爱上了跑步。高三开始一个月后，我开始考虑时间管理和精力分配的问题。第一次摸底考试成绩出来后，我意识到自己以前的做法完全是错误的。

在高一高二的两年里，为了保证成绩稳定，我把更多的精力放在了自己擅长的科目上面，而一直对自己薄弱的科目视而不见。因为擅长的科目能够给我带来自信，但不擅长的科目却会打击我的积极性。但现在已经是高三了，我不得不选择正视这个我一直在逃避的问题。因为，如果我能保持擅长的科目成绩稳定，同时把不擅长的科目成绩提升上去，那么我的总成绩就会比以前高出很多。在高考面前，这是一个极现实的问题，同时也是一个极大的挑战。

于是我把自己每天的时间和精力分为十等份，语文、生物、化学和数学各占一份，英语和物理分别占三份。平时轻而易举就能掌握和消化的知识点就不再重点复习，练习了无数遍仍然不能解决的难题则要各个击破。

在课上能解决的问题我不会让它留到课下，犯过一次的错误尽量不犯第二次。早上的时间用来解决背诵的任务，午休的

时候定时练习数学题，其他时间则分给英语和物理。晚上第一节晚自习的课间去操场跑步，跑步的同时反思自己一整天的学习进程，因为只有在跑步的时候我才是冷静和客观的。我不是一个聪明的学生，和同学们相比我的悟性也比较低，但好在我是一个不会轻易放弃自己的人。就像跑步这件事，虽然我没有运动员的资质，但我有坚持跑到终点的毅力。

高三是一个人的孤军奋战，因为我既不喝茶叶，也不喝咖啡，所以我既不是茶叶帮的人，也不是咖啡派的人。我只是我，一个在高三里喝着清水，想要在高考时取得优异成绩的人。

进入高三后，我就在笔记本上记录下了自己每一次考试的成绩，我会把每一次的成绩和上一次的成绩进行对比，看看自己的变化。每一次考试结束后，我也会把这一次的试卷和上一次试卷的题型分布进行对比，找到自己的失分点和没有掌握的知识点，然后进行相应的复习巩固。

我一直不太喜欢把自己和其他同学进行比较，一是没有必要，二是觉得有点尴尬。别人的优秀始终是别人的，和我无关；我的成长也只能是我自己的，与旁人无碍。但如果没有比较对象的话，就很难把握自己知识点掌握的程度，所以我就把比较的对象定位成上一次考试中的自己。

高考时，考的不仅是我们学到的知识，还有我们的承压能力，同时还包括身体上的考验。或许正因为这样，才会有那么多的人一提起高考就会紧张无措吧。

我了解自己所有的长处和弱点，我一直对自己的实力有着清醒的认知，所以在平时复习的过程中，我会让自己保持平常心。我也很庆幸自己在高三的时候喜欢上了跑步，因为跑步不但让我的身体更健康，让我的头脑更清醒，还锻炼了我坚持不懈的毅力。

高三这一年漫长而又短暂，经过这一年的时间，我们都会蜕变成更加美好更加勇敢的自己。有时候我在想，青春之所以绚烂而美好，正是因为有让我们破茧成蝶的高三吧。

有时候我还会想起那些茶叶的味道，它们在教室里蒸腾着，每一个分子里都隐藏着我们的希望。我当时之所以拒绝同桌的雨前龙井，只不过是想把最后的希望押在自己身上。

青春是人生中最精彩的一段时光，而高三又是青春里最美好的一年。虽然我的高三里充满了各种茶叶的味道，但也正是这些味道让高三在我的记忆里更加深刻而鲜活。

✽ 刘芸

追光的人，
终会
光芒万丈

从被称为"高三生"的那一刻起，我的高三生活正式开始。最初每个人都有"不破楼兰终不还"的决心和毅力，我也深信时间会证明一切，但我从未想过，这一路会如此艰难。

高三第一场考试，就给满腔热血的我重重地泼了一盆冷水。我多门不及格，如果是在高考，这个分数可能连本科大学的门槛都摸不到。

也许是相信"笨鸟先飞"的道理，此后每一天我都是第一个到教室，我数学很差，到教室后第一件事就是回看前一天做过的题目温习错题，然后开始背单词背句子。漫无天日地写，滔滔不绝地背，一遍又一遍，那样的日子几乎望不到头……

那时候，我每星期会用一节课的时间去图书馆读书，我总是被文字的力量感动，那真是我最惬意最舒适的时光了。读到那些励志文章，我会问自己"我也会成功吗"，我听不到回答，但我相信，时间会给出

> 我不知道是什么支撑我度过高三的，也许是上大学的愿望太强烈了，也许是我坚信的那句"时间会给出答案"。

答案。

正式开学后，课表做了调整，每天增加一节课，一个星期有五个晚上有考试，同学之间调侃"坚持一天一小考，一月一大考"原则。我屡战屡败，屡败屡战，成绩起伏变化不定。慢慢地，我的心态也有了些变化，我不知道自己还能坚持多久，但我不能就此放弃。日子就在一场场考试中流淌，那场真正的战争，越来越近。

一轮复习的末尾，是流感的高发期，班上陆陆续续有同学发烧回家，我也没能逃过这一劫，在家待了很久，返校后便是更紧凑的学习安排。慌乱中迎来了一模，当时大家都格外重视一模，对于我们这种

小地方的考生来说，能参加不同省之间的联考是一大幸事。学校修改了作息时间，不上早自习，少一节晚自习，好让我们有充足的睡眠全力应考。

我在日记本上写下："芸芸众生，有人吃了很多苦，有人与苦难搏斗了一生也没能从中抽离出来。世界有时候酷烈，有时候仁慈。现在有道坎儿在你面前，我不知道它后面有什么，但是否跨过去，是你的事。"

我快记不清那种感觉了，只记得考完后吃泡面，饿但吃不进去，没吃几口又想吐出来，太痛苦了。虽然那几天不上早自习，但我还是第一个到教室，最后一个走，只怕因为考试打乱了平时的作息习惯和学习计划。看似寻常的一切，实则我早已麻木。

我抽空看完了三毛的《撒哈拉的故事》，并摘抄下一句："人，真是奇怪，没有外人来证明你，就往往看不出自己的价值。"这段话激励了我很久，我听了太多冷嘲热讽，我总是迫切地想证明自己，但读完这本书之后，一切得失都不再重要了，那时的我，只有一个念想——上大学。

一模还算顺利，在一本线之上，但我也深知现实和理想之间遥不可及的差距，便时刻告诫自己，不能止步于此。我的目标是更远的地方，是更好的大学，我还要读很多书，走很远的路。

匆忙结束了一轮复习后就是 11 天的寒假，这个被大家称作"弯道超车"的好机会。除了大年三十那天，我每天都在做题，当时我的数学还是很差，所以就规定自己两天彻底弄懂一张数学试卷。我并

不奢求起到立竿见影的效果，因为这远远不够。

正月初六，回到学校后就开启了二轮复习，我决定重拾基础，把数学书上的例题练习题再做一遍。

正月十五，学校放假半天，这是一家人团聚的喜庆时刻，我却因为压力太大而大哭，爸爸搂着我，不知所措。那天我在房间待了很久很久，也因此失去了一次吃团圆饭的机会——这曾是我在学校多么渴望的啊。

第二天返校，我整理了过往的一些高考卷子，装订成册，开始拿它们练手。时间真的过得很快，我记不清做了多少，只记得二模考了排名最靠前的一次，上线了"211"，那是我前所未有的喜悦，其中英语成绩班级第一，数学成绩班级第七，我总结了得失，也许是基础稍微牢固了些加上运气好。我也知道，随着时间流逝，这些知识会被淡忘，总之，要想保持，还是要有更多实质性的努力。

接下来的三个月，时间飞逝，每天就是做题的"简单重复"。唯一让我感觉时间在变化的是倒计时上的数字，每天的新鲜感靠不同的试卷维持。我说不清自己还剩多少热情，只是努力让自己别停下来，好在一次次分数的刺痛让我不敢麻木，也无法麻木。

所有人都在争分夺秒，我也不能落下。

三模前一个星期，我生病了，靠止痛药维持了一个多星期，记得考完最后一门后，我呆坐在考场，无法行动。第二天我立马请假去医院做了检查，还算幸运，不是太严重，吃了半个月的药终于缓解了

许多。

三模是我们高考前最后一次大型联考，重要性不言而喻，大家不再去计较排名，对着卷子一遍遍反思，又一遍遍质问自己。好在没有人放弃，因为桌上越摆越高的试卷提醒我们不能松懈，我们和自己打赌，会坚持到最后的。

五月是最后的冲刺阶段，学校制订了详细的计划。五天为一个周期分别是"考试两天—评讲一天—整理一天—追练一天"，一共六轮。六轮下来，大家的底气都足了些，但对高考依然没有谁有百分百的把握。

清晰记得考前最后一次班会，班主任做完考前指导后，说："我感觉你们现在唯一的问题就是身上的负担太重，太多东西放不下，高考应该是轻装上阵，那些该记的该会的，你们早已掌握。"这句话的确是给我们打了一针镇静剂，是啊，高考躲不掉，知识上的漏洞早已被我们一个个填平，还有什么不放心的呢？

考前最后一个星期是我整个高中阶段最快乐的时光，大家学习上互帮互助，大方地分享家长送来的饭菜，也会悄悄地组团点外卖，听广播站放那些伤感的歌，以毕业留言的形式向对方说出真心话和最诚挚的祝福。

6月5日，高考壮行会，我们在得胜门下与老师相拥而泣，那一刻我倍觉心安。

高考三天，我在考场上沉稳自如，仿佛是与期待已久的老朋友会面一样，赴一场与青春的约定。父母与送考老师在门口焦灼不安。考完后我如释重负，长舒一口气，忍不住还是哭了。细数吃过的苦，七本政治书，五本历史书，我翻来覆去背了不下五遍，笔记本已经没有一个完整的棱角，套卷做了不

下七本，努力到疲乏时也会有厌学的念头，好在一切都结束了。

回校的车上，大家笑语盈盈，谈假期谈未来，真是奇怪，在车上的这种感觉倒不像是高考完，像是完成了一次小测。那是什么给它冠以"高考"二字的隆重呢？

我不知道是什么支撑我度过高三的，也许是上大学的愿望太强烈了，也许是我坚信的那句"时间会给出答案"。

冬天的寒风吹得脸疼，出宿舍时，路灯还亮着，我不是最能吃苦的，总有人比我更努力。我也不是最有天赋最会学习的，甚至因为学习时不顺心我曾试图放弃。我知道我的理解能力差，大部分都是靠死记硬背，认为一件事重复的次数多了，应该也就会了。

高中的我情绪极度不稳定，脱发，失眠，甚至压力大的时候暴饮暴食，被一些小事牵动敏感的神经，我真的差一点就坚持不下去了。但好在终于平稳地度过高三。

有人将高三比作"在玻璃碴儿里找糖吃"，我也时常说等我苦尽甘来的时候要好好诉说这一路的苦与累，但当我坦然面对这一切时，只有无尽的感动。

这一路，苦也好，乐也罢，上天自有它的安排，不管结果如何，吹灭读书灯，一身都是月。

这就是我的高三，苦涩又步履蹒跚，它带来苦难也带来希望，给我脱胎换骨的力量，让我越过理想与现实之间的鸿沟，给我苍白的青春里画下浓墨重彩的一笔。

致敬高三，致敬每一个野心勃勃的追梦人。

谨以此篇，纪念我的高三生活。

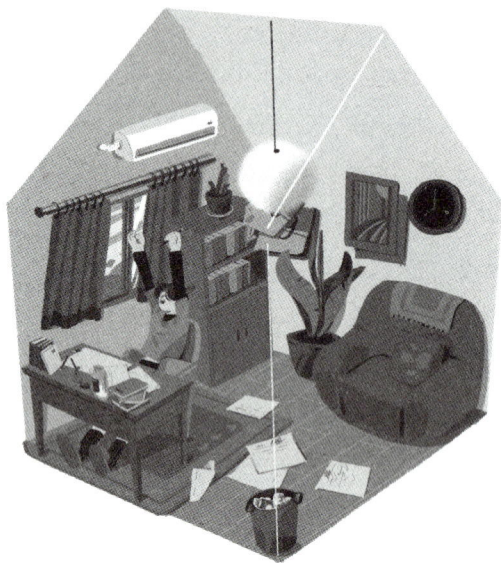

❀飞

努力总算有了好的结果，我考上了理想中的大学。我想，这可能就是高三奋斗的意义吧。

成功的背后一定是无数个拼搏的日夜

初入高三，是在天气燥热的八月。学校按照惯例组织高三学生回校补课，新的教学楼，新的教室，新的同学，新的老师，这一切对我而言都是新鲜且陌生的，我迫不及待地想投入高三生活，想在新的班级展露拳脚，那时的我充满自信。

但很快，高三的第一次月考便给我泼了一盆冷水，年级排名一落千丈，我不敢把成绩告诉父母，只默默看着离一本线还很远的成绩发呆。但高考这场战争早已开始，容不得我有片刻休息，我只能收拾好挫败的心情，继续投入紧张的学习中。

五点半，天还没亮，闹钟准时响起，我不敢怠慢，以最快的速度整理物品和洗漱，无视舍友的不解和疑惑冲出了宿舍。在宿舍通往教学楼的人行道上，总会有志同道合的伙伴，跟我一同赶到教室，开始一天的学习。教室里空荡荡的，但我知道

只有尽可能地抓紧时间，学习更多的知识点，才有可能超过别人。

但有时候，努力并不会取得成效。

十月的摸底考试，我看着英语没及格的答题卡出神，痛苦似乎麻木了我的身体。我早已记不清多少次英语成绩拖了我总分的后腿，英语仿佛噩梦一般萦绕着我的整个高中生活。可要想过一本线，英语成绩是绝对要提上去的。

成绩的提升不是一帆风顺的，相反它还会带给你很多挫折。不过，幸运的是，我遇见了愿意帮我的英语老师和热心肠的同学，他们让我感受到自己不是在孤军奋战。

单词本早已背了一本又一本，但我仍不敢懈怠，每天坚持花整个早自习时间去默写单词；遇到不懂的问题，我不再像以前一样躲着同学和老师自己研究，而是利用课余时间奔向老师的办公室请教；阅读理解和完形

填空，我不知道做了多少篇专练，积累了多少个生词；操场上的晨读，我不知道背了多少篇英语作文范文，只希望自己在考场能多写一点。

转眼一模结束，迎来了寒假。

我不敢懈怠，在网上寻找着各科的复习方法和学习经验，只希望自己能在这简短的寒假快速地提高成绩。在家时的学习效率远不如在学校，我需要一遍一遍地跟家人解释高三寒假的重要性，希望自己不被打扰。

我每天在凛冽的寒风中早起，端坐在书桌前按照自己制订的计划复习。一模的发挥平平，使我迫切想在寒假追赶上别人，去证明自己的努力并非白费，我也想让自己的名字登上光荣榜，享受别人羡慕的眼神。

也许人生就是这样，你知道自己付出了很多努力，但是结果始终不尽如人意。

二模的成绩让我大跌眼镜，我不明白为什么我这么努力，成绩却仍不见起色。

那是我最难熬的一段日子，我疯狂地在网上寻找着学习方法和经验，幻想着自己有一天也能考600分。

我似乎成了一台学习机器，每天都重复着一模一样的生活。但幸好，老师和同学的鼓励带我走出了阴霾，我开始转变心态，慢慢找寻自己的问题，也知道了自己对待成绩操之过急，总是想着一步登天。此外，我发现自己的学习方法有很大问题，曾经有一段时间，我会不回宿舍睡午觉，而是留在教室自习，希望自己能把握每一分每一秒，我总是喜欢用勤奋来掩盖自己战略上的失误，但这样做的后果是学习效率的下降。而现在，我发现，高效的学习才是取得成绩的王道。

"五一"假期结束之后，我第一次感受到了高考的迫近。还有一个月我们就要踏进高考的考场，可是我还没有做好准备，甚至连目标院校都没有，只知道自己一定要过一本线。

只是此时已经来不及思考了。

最后一个月，铺天盖地的试卷将我席卷，同学们的学习资料都摆放在过道上，让我第一次感受到拥挤。我们开始一周双测，星期一星期二考完，老师还没改完试卷，星期六星期天的试卷又如约而至。我不敢去对答案，因为我怕每一次的结果都让自己失望，那段时间我不知道自己是怎么撑过来的，只是麻木地做着试卷，战战兢兢地改好错题，然后做好总结。

最后两周，天气燥热，教室里的空调就没断过电，但我不知道是怎么了，一吹空调就头疼，待在教室里根本看不进书、做不了题，于是我跑去老师的办公室复习。身体上的痛苦让我有点想放弃高考了，恰逢那段时间阴雨连绵，我的心情更加糟糕，但给父母打电话时听到他们殷切的希望，我还是咬牙忍了下来。

为了不浪费时间，提高学习效率，我只能一遍遍做着往年的高考真题，不停地解析错题，我不知道自己做的这一切是否有意义，但这是那时的我唯一能做的了。

我不想让自己后悔，我想要自己高中三年有一个圆满的落幕。

高考，最终还是如约而至。

努力总算有了好的结果，我考上了理想中的大学。我想，这可能就是高三奋斗的意义吧。

失败而已，失败就是失败，不要为失败增添任何附加情绪。

不要被 "失败" 束缚

✻ 林羡鱼

或许很多人的一生中，都有两个字如影随形，那就是"失败"，小至早起未果，大至追梦受挫。那么如何与失败和解，也就成了一个重要课题。我也有几次记忆深刻的失败，其实如今想来，真是不值一提，可彼时深陷在痛苦情绪中的我，却根本无法摆脱。

语文一贯是我擅长的科目，作文也曾多次被老师当作例文，所以在写作方面，我一直算是胸有成竹。岂料初二那年，语文老师给出命题，要求每人创作一篇文章，优秀作品会被选入作文集中。

那是一篇字斟句酌、费尽心血的文章，可惜却落选了，而我的好友却成功了。看到好友站在讲台上，接受大家的掌声，一瞬间，诸多复杂的情绪汇聚在我的脑海里，我甚至对好友产生了一丝嫉妒。

想到我曾当众表示，自己要成为一名作家，就觉得更羞耻了。本以为同学们会因此嘲笑我异想天开，结果发现同学们其实根本不在意这次比赛。对他们来说，不过就是一项语文作业罢了。

直到这时我才明白，"你"是自己人生的焦点，却并不是别人的，要学会梳理自己的情绪，不必强行揣度别人未知的"恶意"。

高中时期，我的地理很薄弱。某次期中考试，地理成绩公布那天，我焦急地凑到黑板前，在成绩单上寻找自己的名字，随着目光逐渐往下，我的心情也坠入了谷底，最终在成绩单末尾找到了自己的名字，我竟然是倒数第一。

沮丧瞬间淹没了我，虽然我并非尖子生，可却从未在任何科目中，得过倒数第一。那次的失败让我很受挫，强忍泪水回到座位，整个人都变得沉默寡言起来。付出没有获得回报，当然值得悲伤，但是后来我才明白，为何明明一件小事，我却仿佛天塌了般。

因为我为这次失败，预设了很多可怕的后果。担心地理老师会因此批评我，可是每次考试都会有最后一名，我的地理成绩又始终普通，其实并未引起老师的关注。我又害怕同学们会议论我，但同学们显然更在意自己的成绩。

成绩不理想固然值得难过，但是我却为这次失败，平添了很多主观臆断，反而因为一遍遍设想，导致始终无法从悲伤中抽离出来。与其害怕失败，倒不如以此作为契机，适当修正自身不足。

后来，我曾参加驾驶证考试，结果科目三没有通过。那天的我简直似个行尸走肉，坐在考场外，眼泪止不住地往下掉。

经过我的复盘，才明白为何当时的自己那么痛苦。因为我觉得这次失败的后果很严重，所以在如山的压力下，我被击垮了。我强迫自己冷静，然后逐一分析问题，最后才发现，其实只是件微不足道的小事啊。

最初，我陷入了深深的自我怀疑中，觉得科目三考试很简单，尤其是自动挡，我却没有通过，大家都会觉得我很笨。可是考试的通过率本就并非百分之百，也有很多人没有通过啊，何况就算不聪明，又能怎么样呢？

然后，我又觉得辜负了大家的期待，明明出发前，大家都在为我鼓劲，可我却并没有做到。

或许向别人承认自己的失败是一件很难的事情，可当我真正告知大家时，大家反而都在鼓励我，甚至有些朋友见我并未报喜，怕我难过，都不敢来问。明明大家的关心，是爱的表达，怎么却被我当成了枷锁呢？

……

逐个问题分析下来，我才发现，原来失败并没有什么大不了的。这次的失败，也为下次的成功积累了经验，而我真正应该在意的，仅仅是这次是在哪里跌倒的。

失败而已，失败就是失败，不要为失败增添任何附加情绪。谁都会有失败的时候，与其自怨自艾，用"虚构"的痛苦压垮自己，不如接受现实，我这次确实失败了，但是下次，我可是会成功的，因为毕竟我已经积累一点经验了。

高考加油

距离高考
还有 天

❋ 田密

与
绝命地理
斗争的那些年

付出并没有像想象中一样得到回报，反而还低于预期，实在是最最难过的事情了。

学习文科这么多年，我一直自诩文科小天才。

可是很不巧，应了那句话"上天为你打开一扇门的同时，就可能会为你关上另一扇窗"。政史无敌的我，在地理上屡栽跟头。

不过，我通常自洽地称之为："成大事者不拘小节。"毕竟人无完人，哪个英雄没有点黑历史呢。

我总是想，也许是最初接触地理时对待它太过敷衍草率，所以它对我有了怨气，怨怼的情绪升华成了我的好运阻力器，以至于高中时期我的地理都处在"低空飘过，及格万岁"的状态。

初中刚学地理的时候，我被地理老师官方认证为"闹腾鬼"。那个时候，我在班主任倡导的"好帮坏，共进步"活动下被安置在倒数第二排，帮助后排不爱学习的同学们。我们惺惺相惜，在学生思维的作用下，作为副课的地理课不受重视，成为我们沟通感情、谈天说地的最好选择。虽然上课聊天，但是临近考试我们也会突击复习，最后成绩也算看得过去。

后来上了高中，地理变为主科，成了大家口中"文科中偏理"的学科。而我本人是个理科"废柴"，刚刚入学，学习态度不端正，睡了一个月的地理课，从那以后就再也没明白过地理。

我经常在两个空调三个电扇同时工作的教室里思考地理题目，可还是百思不得其解。

我实在不明白，为什么高考必刷题上有根据小鸟飞翔的领空所在地区的风向来判断鸟儿的排泄物会飘向哪个方向这种题；为什么试卷上有通过几条线组成井字形、在几个经纬坐标的数字提示下就让学生判断火山灰的灰堆在哪个方向这种题；为什么地理明明属于文科却还是要进行数字计算？

太多太多的困惑化成了我一张又一张六十多分的地理试卷。

为了改过自新，我决定和地理奋战到底。

我出的第一招是又笨又土地背课本。

我抱着地理知识点，从比例尺开始，到保护环境结束。

在知识背诵结束后，地理知识在我小小的脑袋瓜里形成了系统，那些地理知识里被我忽略的能和历史媲美的浪漫渐渐被我读懂——我记住了在南极只有北方，而在北极只有南方，所以那句"如果你在南极点我在北极点，无论你面朝哪里，你都在看向我的方向，无论我向哪方走出一步，我都是在走向你"对我有了意义。我记住了"风的来向，决定风的去向"，所以社团换届时学姐最后"像风一样，有所来，有所归"的叮咛也变得能够读懂。我记住了"冷暖流交汇的地方会形成渔场"，也开始想象完全两极化的人相遇是不是也会产生"营养物质"，给所有失落的、未曾被妥帖珍藏的心事一个回应，平平无奇的水流中，能生万物。

第一招初有成效，我又使出第二招——长达半个小时的大课间，在其他人化身小学生，在教学楼周围打羽毛球、乒乓球，踢毽子时，我爬五层楼找老师讲卷子。

那些刁钻又古怪的题目，在老师的讲解下突然变得简单。我们会一起误入歧途，会在老师讲了半个小时"B"后发现"D"才是正确答案。我们会因为"小明到底坐在车的哪边才能在去程和回程时最低程度被太阳晒到"而吵得不可开交，争得脸红脖子粗。偶尔也会借口没有见过"坎儿井"而哄得老师播放一分钟的秒懂百科给全班看，作为无聊学习生活的小小调剂。

高考试卷刷了一遍又一遍后，我抱着"我必成功"的心态进了考场。可我并没有像心里预演得那样镇定。因为心里没底太紧张一下子改错了一半选择题，还在考试前十五分钟的检查试卷的时间里被一道与平顶山相关的题目吓到，认定了会有一道自己不擅长的自然地理题。心里颤颤悠悠、七上八下，勉勉强强做完了题目。猜测正确率不高。果然，最终地理用四十五分的成绩为我的高中画下了句号。

考试完那天我有点情绪低落地告诉好朋友："我算是被地理这个负心汉骗了感情，一想到以后再也不用学地理了，我都要感动得流眼泪了。"付出并没有像想象中一样得到回报，反而还低于预期，实在是最最难过的事情了。

可是，至今想起那些早起晚睡在宿舍做地理题的日子，翻起自己精心制作的"奇奇怪怪乱七八糟地理题"的地理题猎奇错题本，回忆起意识到地理独有的温柔以及大自然恩赐的那些时候，我总想，虽然千斗百斗，也没有料到结果如斯，但"负心汉"地理给我带来的那些快乐，总算是没有辜负，那年春光。

只要开始努力，永远都不晚

✲ 相雨含

回想这一年，我真的很感激自己。因为这一路的努力，让我的人生有了更多选择，也有了更多的色彩。

我读过两次高三，可只有第二次最像高三。

其实我是没想到我会复读的。第一次上高三的我抱着天生我材必有用的稚气，总觉得自己会是那些逆袭的天之骄子中的一员，自我感觉良好，然后虚度光阴，直到出分的前一刻还觉得奇迹会降临，我会考上一个不错的大学。

分数是现实的，美好的虚幻一下子被打破，随即我便落入不甘的境遇。

我不想上专科，真的不想。我承认我不够努力，但绝非没有努力。一睁眼，看着从窗帘透进来的阳光，我想伸手去触摸阳光，但是好远好远。

我无数次构想的大学生活，因为那不算多的分数化为泡影。就像我取得的分数，堪堪过二本，却没办法去上任何一个本科院校，而可以报的民本学费高得吓人。

现实和想象之间是巨大的分水岭，如隔天堑。

在山东，我这个分数连好一点的三加二公办专科也是上不了的。我好像真的走进了一个死胡同，我知道这是因为我不够努力，我本来可以更好的。

我不止一次地想，如果能再努力一些，起码会有个本科上吧。

我开始怨天怨地，产生了极大的自我厌弃感，其实归根结底是自己没有自控力。

家里人并不太赞成我复读，他们认为随后我还可以专升本，但我不甘心。

那些天我浑浑噩噩，辗转反侧后还是决心复读。

我找了个离家比较远的复读学校，环境完全陌生。我带着一点点期待和对未知的恐惧踏上了旅途。

复读苦吗？苦的，当然苦。

临近高考的晚自习上，我看着还是不太会的生物题崩溃大哭。

我不明白，我学了那么久，已经那么认真地去学，可为什么还是不会？！那一张张反复改过的卷子，复习资料上密密麻麻的字迹都不作数吗？

复读这一年，我完全被困在了学校，这个学校很小很小，只有两栋教学楼和一个小小的操场，食堂的饭很难吃。我能看到的天空都很有限，偶尔拿到手机给家人打电话就会止不住地痛哭。

但复读更像是一次涅槃，我完成了自己的小小的逆袭史。不是网络上"拼搏百天我上清华"的那种，而是小小的，小小的逆袭，只是从一个能上不太好的专科到能上个公办本科的进步。可我依旧为自己感到骄傲，我明白我是付出了怎样的努力，才让自己慢慢从刚进复读学校的倒数二十上升到一模全班前十，三模全班第三。

只是高考时依旧有点小遗憾。我在高考前十天发烧了，身上很疼很疼，直到高考前一天我的脸还是肿的，考英语的时候我整个左胳膊好像麻掉了。

本来全校前六的英语成绩，最后也只考了一百多一点。

最让人唏嘘的是，高考结束的第二天，我的病痊愈了。

虽然高考分数没有模考时好，但还是考上了还算不错的大学。

谈起这场高考的意外，父母总是比我更遗憾，他们心疼我这么拼命，却因为突如其来的发烧而发挥失常。

但作为当事人的我，心里更多是戏剧完成谢幕时的轻松和隐隐的激动，我长松口气，期待着曾经无数次构想过的大学生活一步步向我走来。

回想这一年，我真的很感激自己。因为这一路的努力，让我的人生有了更多选择，也有了更多的色彩。

它让我相信了这个被无数人讲过的道理：只要你愿意努力，生活永远不会辜负你。

而且，不管什么时候开始，只要你愿意努力，你都会创造一个属于你的奇迹，一个属于你自己的史诗。

除了我，网上还有很多传奇的逆袭史，大家开始努力的时间各不相同，有的人是高三一开始，也有很多人是一模后二模后。但只要你想，升起的太阳都可以照亮你的前路。

希望你也能够一鸣从此始，相望青云端，在铺路石之下走向自己的海。

如何用 普通本一的分数 上"985"和"211"大学

✱ 谢咖喱

千万不要忘记，高考成绩最重要。

正在高三奋斗的同学们应该对高校自主招生有一定的了解，参加自主招生考试的同学大都希望能享受心仪高校降分录取的优惠政策。但是有些人遗憾于自己没有自招所需的竞赛奖项，没有机会报名。但千万别丧气，你还有机会——如果你是农村户口的话，或许还有一个项目适合你，那便是高考农村专项。

高考农村专项包括高校专项计划、国家专项计划和地方专项计划三种类型，它们都可以让你享受某个或某几个高校的降分录取优惠政策；而这三者的区别我在这里就不一一说明了，大家可以自行上网查询。我在这里重点介绍的是高校专项计划。

为什么我要介绍高校专项计划呢？因为高校专项计划实际上属于高校自主招生的组成部分，但又不需要竞赛等奖项，比自招的门槛低得多。

如无意外，你心仪的"985""211"大学都会开设该计划，也就是说，没有竞赛奖项的你用普通本一的分数去上"985""211"大学完全不是梦！

下面是申请和通过的具体流程：考生需要按各招生高校招生简章要求，在阳光高考平台里单独报名，并按照要求提交相应材料，经专家审核通过后，在规定时间参加笔试和面试（有的学校不需要笔试和面试），合格后享受该校一定的录取分数照顾。

第一，请检查自己是否符合资格。报考条件大概如下：（1）符合本年统一高考报名条件；（2）本人及父亲或母亲或法定监护人户籍地在实施区域的农村，本人具有当地连续 3 年以上户籍；（3）本人具有户籍所在县高中连续 3 年学籍并实际就读。

如果你有资格，请大胆地去尝试吧！过了血赚，没过不亏！

第二，根据你的兴趣和分数选学校（有些学校要求选择专业）。

或许你已经对某些大学情有独钟了，但是不自信能否考上，这就是一个极好的机会。

一般来说，在高校往年录取分数线往下 30 分内就有希望。但需要注意，大部分"985""211"高校会说明录取学生成绩原则上不低于本一线，但这并不意味着你刚刚超过本一线几分在填报后就能被录取，要知道名牌大学的竞争是非常激烈的。

有些学校会限定专业填报，例如：某理科生申请同济大学，只能选择它规定的理科实验班；南开大学只允许学生填报一个专业并且不允许调剂；中山大学可以选择多个专业；而北京外国语大学可以让你选择是否服从调剂。也就是说，有不同的学校，不同要求。

第三，注意各高校所要求的时间和材料。这一点非常重要！请记住一定要去学校官网查询专项计划申请的时间和所需材料；若今年的招生简章暂未公布，可以参照去年的。举个反面例子，我最初中意的是中山大学，在查看要求时发现有一项材料是高考体检表，但是当初这份材料的复印件交给我的时候被我不小心丢在路上，当时我觉得这无关紧要，就没有去找，结

果在申请时由于时间紧迫，原件在教育局，无法及时取回来，我只能遗憾放弃了这个机会。

当然，如果你的学校或者家长有能力帮你填报申请是最好的，但是很可能你会像我一样需要自己填报所有信息，所以一定要清楚专项计划的每一项要求，如果有不清楚的地方可以打电话向高校的招生办询问。

填报时有问题记得找班主任或者教务处的老师商量，比方说需要校方推荐信，相信他们会尽力帮助你，所以最好不要自己盲目做决定。

自荐信或者自我介绍非常重要，请认真写。所有学校都会有这个要求。

在自荐信中最好不要过多强调你的成绩或者奖项，要知道，老师们在自主招生时，已经见过太多成绩优秀到光芒万丈的学生了。

当然，有竞赛的奖项非常好，但不要用过多的笔墨来描述，一笔带过即可，重点是你成绩之外的品质，比方说自强精神、性格爱好、不同常人的经历、兴趣特长、综合素质、发展潜力等等，尽量突出你品格上的优秀。

第四，注意每一个细节并权衡取舍。有些学校会举行复试，比方说上海外国语大学、北京理工大学等高校会举行口试或者笔试。学校会要求学生在规定时间（一般在高考结束后）到达指定地点（一般是学校附近考点）参加复试。如果你是省外的学生，肯定没有省内学生来得方便。

高校初审时，在一所中学选出的人数原则上不会太多，因此尽量和其他同学避免报考同一所学校，不要扎堆申请，白白浪费大好机会。

第五，关注初审结果。初审结果究竟是在高考前还是高考后查询就各有利弊了。考前查结果，如果通过了会增加自信心，但如果没有通过，或许会让你更加焦躁不安。考后查询也许会让你怀有一种忐忑不安的心情走向考场。因此，这个请大家自行把握。

第六，初审通过后在填志愿时填报专项计划。开头说的三类专项都是在提前批后本一批前录取，也就是说，如果你被某专项的学校录取，本一批就没有机会参与了，所以要慎重考虑是否填报。另外，不管你通过了几个学校的初审，志愿填报时只能报一个，大家要仔细筛选最终要填报哪一所大学。

最后一点，也是最重要的一点，千万不要忘记，高考成绩最重要。

不是说你通过了高校专项就万无一失，可以高枕无忧了，因为大多数学校都有一条规定，所有初审通过的同学按照高考成绩从高到低择优录取。

另外，把我所知道的申请情况告诉大家做个参考。

我在一所县级普通高中，每年考上"985"大学的学生只有三四个。一个年级大概八百多人，而理科生有五百多人，

我高中三年期末包括高三模考总分排名都在年级前十；其中英语单科在一百四十分以上（满分一百五），几乎都在年级前三，但是我除了校内奖项没有任何县级市级或省级奖项。最后我申请了北京外国语大学和南开大学（北京外国语大学要求如果申请了北外，就只能再申请一所其他院校）的高校专项，两所大学的初审都通过了。

我有个同学，高一高二期末在年级前十，高三在年级前五，有全国高中学生奥林匹克化学竞赛三等奖，申请了三所学校，分别是北京航空航天大学、同济大学和厦门大学。只有第一所初审没通过，后两所都通过了。

但同时我们还要清醒地认识到，通过了初审的人数不少。比方说，南开大学高校专项在福建只有两个名额，但在福建初审通过的有 45 人，这意味着所有通过初审的学生需要按高考分数从高到低的排名再次进行筛选。

但令人欣慰的是，高校专项处于提前批之后本一批之前，如果没有通过，不会影响本一批次和本二批次的录取；可一旦被录取，本一批及以后的志愿就是无效的了，因此需要慎重考虑是否填报。

最后，希望这篇干货满满的文章能够帮助到你，让你用普通本一的成绩去上一所"985""211"大学！

祝愿大家都能被自己心仪的大学录取，迎接美好灿烂的未来！

你应该知道的

你应该

知道的

高效

学习法

北大学长谈："题海战术"的高阶玩法

✽ 追风赶浪

每个人都曾有过那些"不经意的成功"，而这些成功的背后，可能正是我们当时的无意识练习积累的结果。

你是不是也经历过这样的困扰：每天早起刷题到深夜，但成绩却总是停滞不前，甚至常常感到力不从心？或许你也有过这样的心情：明明付出了超多时间和精力，结果还是卡在某些难点上，考试成绩总是不理想，想要突破却不知道从哪里开始。

你有没有想过，为什么有些人轻轻松松就能掌握知识点，而自己却觉得越来越困难，焦虑得抓耳挠腮？这些痛点的背后，其实隐藏着一个规律：不是所有的努力都是有效的，题海战术虽然重要，但它不是唯一的办法。

只要你找到适合自己的方法，量变最终会引发质变。更重要的是，这种"破"，有时并不需要你刻意去追求——"非刻意练习"同样能让你获得意想不到的进展。先堆量，再求质；先完成，再完美。

回想我自己提升英语成绩的经历，最初真的没有任何秘诀，很多诀窍也是后来慢慢总结出来的。刚上初二的时候，我的英语成绩全班垫底，老师每次提问，我都紧张得不行，句子也说得支离破碎，甚至有时候回答完才发现自己面红耳赤。也许是受到了刺激，又或许是那股不屈的意志，我买来《新概念英语》，开始背单词、造句，模仿录音，最初我也不管造句是否符合语法，就是不停地造句，不论对错。刚开始，我想造句时绞尽脑汁也只能够想起一两个单词，但是我不气馁，因为我知道我的水平本来就不行。但过了一段时间，我发现效果并不好，觉得不能再这样下去，于是开始寻找解决方案，如果一句话只能够想起两个单词，那我就试着用其他单词来表达相同的意思，就这样慢慢增加词汇量，后来我慢慢地能够造一些简单的句子，比如，"今天的天气很晴朗，我跟妈妈出门去逛超市了"这类简单的话语。过了一段时间，我惊奇地发现自己的英语成绩已经得到了巨大的提升。

我学习数学时的经历与英语相似。

记得高二的时候，我对圆锥曲线感到特别头疼。那时，老师讲解了很多次，我还是不懂，做题时总是陷入细节难点中无法自拔。直到我决定"专题式学习"，我不管自己会不会，先做上 50 道圆锥曲线题再说——我花了一个月的时间专注于圆锥曲线的每一个知识点，从基础的椭圆方程到各种变换公式，再到应用题的解法，把每一个环节都尽自己所能地琢磨透。每做一遍题，我都会标记出自己的薄弱环节，然后再针对这些薄弱点进行复习。起初做题时很慢很慢，大约四十分钟才做一道题，让我非常崩溃，但是每次练习，我都在不断调整自己的方法和思路，渐渐地，圆锥曲线对我来说不再是难题，反而成了我最擅长的题型之一。我还把这种方法延展到了立体几何、概率统计、三角函数等专题，效果都不错，最终我高考数学考出 142 分的好成绩。

再来说说我的写作。写作从来不是一蹴而就的。我并没有什么秘诀，只是从高中开始，我就养成了一个习惯：遇到触动自己的东西就摘录，每天都写一点东西。最开始只是一些随手记录的日常，只记触动自己的，因为没有触动自己的根本写不出来，有时候是让自己开心的事情，有时候是令自己伤心的事情，有时候甚至是些琐碎的奇怪想法或者心情笔记，没有任何

目的，只是觉得有些想法值得记录下来。记得我大约两个学期写了几百页纸，其中有些只是短短几句话，有些则是对某个事件或者观点的长篇反思。渐渐地，这些积累成了我的素材库。

更重要的是，我开始意识到，这些看似零散的文字并非毫无价值。随着时间的推移，我的写作变得越来越流畅，也逐渐学会了如何清晰地表达自己的观点。

每次回头读我写下的文字，我都能看到自己的进步——从最初的词不达意，到后来的条理清晰、感情丰富，最后竟然能够把一些细碎的点写成一篇文章。

其实，写作的真正秘诀，正是这份长期的积累和日复一日的练习。每一次看似不起眼的写作，都是在为更好的表达铺路。

那么，如何将这种辛苦的"刻意练习"转化为轻松愉快的"非刻意练习"呢？其实，关键在于你如何构建自己的学习环境、培养内在的兴趣，并通过反思和总结找到适合自己的成长路径。

✦ 为自己创造一个沉浸式的学习环境

要让自己在不知不觉中去使用这项技能，底层逻辑与费曼学习法相通。比如如果你想提高英语口语，除了报班、看视频，你还可以主动置身于一个全英语的社交圈。我就给自己找了一个与英语相关的实习，如果你在高中的话，可以参加英语角，和同学一起组织英语讨论，甚至在日常生活中强迫自己用英语思考问题。再不济，现在有很多软件可以跟外国人直接聊天，

你也可以利用起来。当你身边的所有人都在用英语表达时，你自然就融入其中，反而不会觉得这是负担或压力。记得我要精进自己的口语时，我常常和实习认识的外国友人用英语讨论电影、新闻，甚至日常生活中的小事，刚开始时很痛苦，但很快，我就习惯了英语成为我表达和思考的一部分。

人为地制造乐趣，专注于过程中的进步感和成就感

很多时候，我们把学习当作任务，忽略了其中的乐趣。比如说，如果你觉得数学很枯燥，那不妨尝试换一种方式去看待它。我记得我在学习圆锥曲线时，并不是直接从公式开始，而是先了解它在生活中的应用——航天工程中的轨道、卫星的飞行轨迹等。通过这种方式，我突然觉得这些抽象的公式有了生命，变得不再枯燥，学习的动力也随之提升。这样一来，我对于圆锥曲线的公式，由不会到会，由不了解到了解，这种感觉让我快乐、兴奋，这种感觉就是进步感和成就感。你要在过程中体会这种感觉，它真的会在不知不觉间把你带往目的地。

回顾自己的过往经验，复盘成功经历

复盘自己的成功经历，也是转变学习态度的重要一步。比如，回想一下你小时候学习骑自行车时的经历，当时你并没有刻意去练习，更多的是通过不断摔倒、不断调整，直到你不再摔倒，骑得越来越稳。你可以将这个经验带到当前的学习中。回顾你童年时期的成功经历，思考一下那些轻松自然获得的技能，是否有相似的学习策略或习惯可以帮助你在学习上取得突破。每个人都有过不经意的成功经验，它们可能是你早已习惯却没有注意到的学习秘诀。

保持"反思"的习惯

每当你完成一项学习任务时，花几分钟时间总结今天学到了什么，比如哪些地方需要改进，哪些方法特别有效。

这种复盘的过程，不仅能帮助你巩固知识，还能让你在接下来的学习中更加得心应手。就像我在写作上不断积累，回顾过去的文字，每一次都能发现新的写作技巧和表达方法，进而改进我的写作风格。

每个人都曾有过那些"不经意的成功"，而这些成功的背后，可能正是我们当时的无意识练习积累的结果。所以不要再担心看似枯燥的努力和反复练习，关键是要让自己沉浸在一个有趣、有意义的环境中，你的进步会在不知不觉中发生。

就像我在英语上和写作上的成长一样，最终，你会发现，进步不再是任务，而是一种享受。

每一个面临大难度考试、需要高强度学习的人都会困惑的事情：为什么我刷短视频、打游戏、追番能够这么上瘾，但是学习起来就很困难？

我们的日常总是，学着学着思绪就神游了，学着学着就困了，学着学着手机就不知不觉拿起来了，学着学着就和身边人开始聊天了，是我们真的缺少自控力吗？学了很久结果发现自己什么都没学会，学得信心满满但一做题错误满满，是我们真的没有学习的天赋吗？

这里涉及一个人生真相：所有不能够给人带来成就感的事情，底层逻辑上都是违反人性的。

高强度学习的外挂——学习上瘾

✳ 赞赏阿禧

1

为什么有些人能玩游戏玩通宵，连续玩三天三夜都行，但是有些人极其讨厌玩游戏，对游戏一点兴趣都提不起来？因为对擅长玩游戏的人来说，玩游戏能够给他带来巨大的成就感，这种成就感不断刺激他继续玩，玩完一局又一局。而不擅长的呢？一上来就被秒杀了，玩了半天都通关不了，怎么会喜欢玩呢？

成就感就是游戏吸引顾客的最大的秘诀。你可以回忆一下你玩过的所有游戏，都是具有"奖励机制"的，它会有各种各样的形式，比如设置关卡、设置评分等，让你爽了一次之后还想继续爽。

成就感也是短视频吸引用户的最大的秘诀。你可以回忆一下你看过的所有短视频，它会利用各种手段刺激你的大脑，让你大脑的奖励机制不断起反应，传递给你兴奋的冲动。所以即使你再累再困，短视频都能一直刷到天亮。

尽管这种成就感是会直线下降的，你需要不

学霸之所以有超强的学习能力，本质上是有超强的思维模式。

断看，不断玩，和上瘾一样。并且你的潜意识很清楚，这些东西压根就是虚幻的，不能给你带来实实在在的回报的。但是短视频、游戏能够让你一直体会到成就感，让你心心念念停不下来，本质上它还是"符合人性"的，或者说，它是深刻击中了你人性中的弱点，才能把你拿捏得死死的。

成就感，这是你人性中的弱点。

但是如果我们把它利用在读书和学习上，会怎么样呢？

本来你学习很困难，心累，身体也很累。那是因为你没有体会到学习的成就感，所以，这个时候的学习，对你来说本质上是"反人性的"，你全身的每一个细胞都会抵触这件事情。

但是，如果你能够持续体会到学习的成就感，那么你的学习效率绝对是极其高效的，而且会越学越有劲、欲罢不能。更重要的是，你深入学习的深层境界，你全身的细胞都会欢呼雀跃，学任何东西都会一通百通，这就是这些年都在流行的"心流"的状态，很美妙。而且和玩游戏、刷短视频不同的是，这种成就感会直线上升到高位而且源源不断让你精神饱满，在现实中给你回报。

这时，本来人性的弱点，变成了某种超能力，超快学习知识的技能，就和开挂一样。如果你已经懂得我说的上瘾是什么意思了，那么你一定是个学霸，有着学霸的思维模式。如果你还不懂学霸是如何学习上瘾的，下面我来告诉你，看完后，你也能用最快速度学会。方法适合所有的高强度学习，包括背单词、背文章、学数学

等等。

再强调一遍，学霸之所以有超强的学习能力，本质上是有超强的思维模式。

2

学霸的做法是先选择最容易的一章，充分沉浸其中，直到掌握 90% 以上为止，再进行下一章。

比如，有人问我，现在数学很弱很弱，该如何补救。我就告诉他，先找到最容易提分的一个章节，这意味着他本身的掌握程度已经是 60%。为什么要先选一个最容易的呢？

因为大多数人从来都没有体会过极致掌握一章的知识是什么感觉，从来没有体会过学霸学习的时候是种什么心态。所以先从最容易的入手，突破自己的上限，找找极致的感觉，这是转变思维的第一步。

然后呢，花一个星期时间，把这个章节的公式和题目都掌握到极致。当你做到的时候，你的数学思维、对学习的理解会直接上升一个层次。同时你的成就感会马上出来，对后面的学习充满信心。接下来就是第二章、第三章……一通百通。试问，如果一个章节里面的所有题目，你能搞定 90%，那么你怎么会体会不到成就感呢？学习怎么可能不上瘾呢？这是每一个学习很弱的人向上突破，最快也是最实际的方法。可以说，每一个学霸都是这么学出来的。

但是呢，这种做法一定要靠自己完成。有很多人向我咨询，说自己基础薄弱，跟不上老师授课的进度，学得很痛苦，感觉要崩溃了。其实，这是学校的通病了，老师要面

对 50 多名学生而且还有时间的限制，只能做"大锅饭"，而每一个学生对学习掌握的程度最多是 60%，教到了 60% 以后就直接开启下一个章节了。这对学霸来说还好，他们能够靠自己完成剩下的 40%。

但是对于学渣呢？

就会出现跟听天书一样的情况，每一次上课、复习、做题都是打击，学习的每一刻都处于一种负面情绪当中。由于学校和自己学习能力的原因，可以这么说，大多数的人学习的方式都是学渣型的，他们从来没有享受过极致掌握知识的美妙感觉，也不会相信存在学习上瘾这回事，只能归咎于"天赋"等鬼话，从来不反思自己思维模式上的错误。而如果你把上面说的原理掌握，你也能体会到这种美妙的感觉，找到自己的学习节奏。

3

有人会说，这个方法很笨、效率看起来很低，而且会很累。

其实这个方法恰恰是最快的。这个世界上很多的事情不能用正常的逻辑去解释的，逻辑上以为正确的东西，实际上往往会出现完全相反的情况。学习这件事情也是如此，看似这个方法很慢。

可是实际上呢？很多"聪明人"想要小聪明，找捷径，最后的结果一定是一地鸡毛。这样的"聪明人"我已经见过太多太多了。我之前说过一个很残酷的观点：喜欢耍小聪明的人，现实一定会给他狠狠一巴掌。只有那些心中没有杂念，愿意采用这些看似"很慢"的方法的人反而最快

能得到结果，大道至简，他们才是真的聪明。

学习的进程不是一个直线前进的过程，而是一个指数函数，即开始会比较慢，但是你坚持下去的话，在某一个节点会出现爆炸性增长，你的思维会直接上升一个层次。同时你的内心会油然而生一种强烈的自信，进而进入我前面说的"心流"，一种学习上瘾的状态。这时你之前所有的疲惫感会全部消散。

有人会说，这种学习方法要做的事情太多了，题目无穷无尽，掌握到 90% 怎么可能？

实际上，无论是什么考试，题目都是有规律的，基础知识就是书上的那点东西而已。如果你一步步、稳扎稳打像部落扩大自己的领地一样去掌握知识，那么你很快就会发现，题目是无限的，规律就那么多，甚至最后连你自己都可以随意出题了。可是，这些规律必须你自己亲自去发现，别人教给你的你是很难完全掌握的。

归纳高强度学习的外挂——学习上瘾，只需要下面三个步骤：

第一，选择一个最容易掌握到极致的知识点，选择自己熟悉的知识点，或把范围压缩变小都是降低难度的好方法，比如一个章节、一个单词等。

第二，反复琢磨关于这个知识点的一切，无论是基础知识还是题目都要力图掌握到 90%，让自己体会到持续的成就感，对学习上瘾。

第三，同样的方法运用到下一个目标。

无论过程有多么的痛苦，宝藏就在眼前，现在放弃的话就被打败了。

中科大学长谈高效复习法：
走出自我设限，勇敢大步向前

✳ 迟玮杰

很多事情我们迟迟不开始，是因为我们总是想很多，认为没有用、来不及、做不到。

所有的不平淡，都是在忍耐了足够的平淡之后诞生的。

我记得在高中的时候做过一道作文题，材料引用了李敖的一句话：人生有两种快乐，一种是做到别人认为你做不到的事，一种是做到自己认为自己做不到的事。这句话说的是人生，对于高考也同样适用。你要敢于做梦，做那些别人不相信你能实现的梦，做自己也觉得遥不可及的梦。因为只有打破认知层面的自我设限，在内心深处相信自己能够做到，才有可能真正地将梦想变为现实。

很多时候，我们为什么不相信自己？因为我们总是对自己有着错误的认知，对外部环境和自身条件的预判不足。接下来，我会针对一些自我设限的理由纠正大家的认知偏差。

"我已经很努力了，但似乎努力也没有用"

总有些同学似乎每时每刻都在学习，但考试成绩却不尽如人意。这很可能就是假努力在作祟！不断重复练习已经滚瓜烂熟的题型，错题本做得赏心悦目，一道题死磕到底等，都让我们把时间花在了刀背上。已经熟透的题目反复做，除了增长"信心"，还能有什么效果呢？花大量时间做的错题本和笔记，翻开过几次呢？（笔记最重要的是我们自己能看懂，能帮助我们有效率地复习。）一道题花了一天时间，你就吃透了吗？这些做法无疑会让我们陷入低效学习的陷阱，最后捡了芝麻丢了西瓜。

而真正的努力是要思考什么是当下最重

要的事。针对做题而言，重要的是在做题中发现问题和解决问题。除了把错题重做一遍，更要深度思考：这道题为什么错？对应的知识点是什么？还有不同的解法吗？除此之外，还可以思考自己是不是在学习方法和心态上出现了什么问题，调整方向才能事半功倍。

"我现在的成绩不好，我考不上的"

有时候我们总是和自己较劲：感到自己不够优秀，排斥自己。但人的精力是有限的，当你把精力用在琢磨自己为什么学不好上时，学习自然就不专注了。思绪过多，能投入的精力自然就少了，过分自责也会导致没有内在动力。

很多时候我们为什么不敢想成功？因为所想的那个目标离自己太远了。想想下面两件事：付出一些努力就有机会成功和付出非常大的努力仍然希望渺茫。理性考量下，你做哪件事成功的概率更大？

我想，很明显是前者。我们的心理能量是有限的，很难对成功希望渺茫的事情倾注过多的期待。而在第一种选择中你会觉得自己对成功触手可及了，只需再努力一点，所以你会更迫切，更想要。所以，不妨先设定一个可接近的、我们成功概率较大的目标，一步一步成为优秀的自己。例如，背下一页单词，搞懂一道错题，练好一个题型……这些看似简单的小目标，却是我们一步步走向成功的重要基石。

"时间不够了，现在努力也来不及了"

高三了，感觉还是有很多数学题弄不懂，还是有很多单词没有背，是不是来不及了？事实上，只要从现在开始，投入其中，完全来得及的。很多事情我们迟迟不开始，是因为我们总是想很多，认为没有用、来不及、做不到。但只有去做，你才能知道自己到底能不能学会、哪里存在不足。行动可以检验你的想法，也只有在行动中，我们才能慢慢知道自己想要什么；也只有行动才能够增加成功经验，强化我们的自信心，从而更加相信自己可以做到。

所以不妨从现在做起，从简单的、能力范围内的目标开始，慢慢树立信心。可能某一天你回头看，就会发现自己已经不知不觉走了很远，而这一切都是从你那天下定决心努力学习开始的。

"改变了思想，你就改变了命运"

这句话听起来很心灵鸡汤，但是，当一个人眼界受限、自我设限，他就会不敢想，也不知道应该做什么，会一直停留在自己的舒适区里，一边挣扎，一边自暴自弃。而破除自我设限的关键就在于，拨开迷雾，看到自己真正想抵达的地方。唯有如此，你才不会被借口、理由蒙蔽，从而真正发挥自己的力量，主导自己的人生。

费曼学习法：
天才们
都在用的
学习方法

✤ 李文静

不管是费曼学习法，还是其他学习方法，其本质都是在推动我们进行思考。

高三是高中学习生涯的冲刺阶段，对每一个学生来说都是至关重要的。在这个阶段，学习效率和方法显得尤为重要。今天，给大家介绍一个效果显著且被广泛认可的学习方法——费曼学习法，希望你能从中得到一些帮助和启示。

什么是费曼学习法?

费曼，全名是理查德·菲利普斯·费曼，他是诺贝尔物理学奖得主，因在量子力学领域的贡献而闻名于世。"纳米"的概念据说就是他最先提出来的。

不过，费曼学习法，并不是费曼提出来的。而是人们认为费曼能取得这么大成就，肯定有一套独特的学习技巧，于是专门将他的学习方法进行了总结，最后又将其推广开来。他的学习方法影响了无数学习者，据说，比尔·盖茨、乔布斯等，都是其受益者。

费曼学习法有一个核心思想，大意是，如果你不能简单地解释一个概念，那就表明你没有真正理解它。

费曼学习法，可以概括为以下四个步骤：

第一步，提出问题。即挑选一个你想要学习或者复习的概念。

第二步，解释它。即用你自己的话

尽可能简单地解释这个概念，就像你要向一个没有相关知识背景的小孩子解释一样。

第三步，回顾与简化。在解释的过程中，如果遇到了难以简化或者解释不清楚的部分，就回到书本或其他学习资料中去寻找答案，然后再次尝试解释。

第四步，组织与表述。你要将自己所理解的知识用一种方式组织起来，并尝试向他人传授，以此检验你是否真正掌握了这个概念。

在高三学习中运用费曼学习法，我们能得到什么？

我们在高三时要学习的内容很繁杂，各科知识点众多，费曼学习法可以帮助我们更高效地掌握这些知识点。

在文史方面，运用自己的话解释知识点，这样不仅能够加深记忆，还能够发现自己的知识盲区，从而有针对性地进行复习。

当然，对于计算复杂的数学问题、理解深奥的物理原理、分析历史事件的背景和影响，费曼学习法依旧有用。实际上，费曼学习法最厉害的地方是"以教促学"，它能够激发你内在的动力。因为在提出问题后，你必须去解释它，而想要真正将它解释明白，除了深入地思考，别无他法。当你对一个知识点进行刨根问底，

并能够深入掌握后，再面对同一类型的题目，完全可以融会贯通。

同时，当我们能够用自己的话清晰地解释一个复杂的概念时，不仅可以提高自己的表达能力，我们的自信心也会随之增强。这种自信对于正在经历高三的我们来说是非常宝贵的，它可以让我们在面对重要考试尤其是高考时，能够保持冷静和自信。

如何在高三学习中运用费曼学习法？

现在，我们已经了解了费曼学习法的原理和它在高三学习中的重要性，接下来我们将具体说说在日常学习中怎么运用费曼学习法。

（1）制订学习计划

首先，你需要为自己制订一个详细的学习计划，确定每天需要学习和复习的知识点。然后，针对每个知识点，按照费曼学习法的步骤进行学习。

（2）找学习搭子

你可以找同桌或朋友组成学习小组，在遇到难题时，你们可以互相阐释自己对概念的总结和理解，在这种互动中，你们既可以检验自己对知识点的理解程度，还可以通过讨论来深化理解知识点。

（3）定期自我测试

在复习一段时间后，你需要对自己进行测试，看看自己是否能够不看书本

就清晰地解释一个概念。如果不能，就需要回到书本中去，重新学习和理解。

（4）应用到实际问题中

将学到的知识应用到实际问题中去，是检验是否真正理解一个概念的最好方式。在掌握一个知识点或难点后，你需要通过实大量的习题和案例来检验自己是否真正地理解了知识点，并以此来巩固和加深记忆。

费曼学习法的常见误区

虽然费曼学习法效果显著，但在真正运用时你也可能会遇到一些误区。

（1）过于简化

你可能会认为简化概念就是忽略细节，这是错误的。简化是为了更好地理解核心思想，而不是丢弃重要信息。

因此，在对概念进行简化时，你需要确保保留了所有关键信息和细节。如果不确定，就去翻翻标准教材或回想一下老师的讲解，并进行对比。

（2）缺乏深入探究

在遇到困难时你可能会感到气馁，从而放弃深入探究，转而寻求简单答案。

事实上，只有对难点深入理解才能完全掌握，一知半解或半途而废永远都无法令你真正地融会贯通。

在面对难以解释的知识点时，我们不能着急，必须静下心来，一步步深入探究，直到能够清晰地解释为止。如果实在掌握不了，可以寻求他人的帮助，比如班里的学霸，比如老师。

（3）忽视反馈

在向他人解释概念时，你可能会忽视他人的反馈。

其实，他人的疑问和建议，也是改进和自我提高的机会。在给同伴解释完概念后，不要着急结束，去听听同伴怎么说，了解一下他有什么疑问或建议，然后虚心接受他的建议，进一步调整自己理解和解释的方式。

总而言之，费曼学习法是一种简单却很实用的学习方法，它让我们真正主动地去思考问题，掌握解决问题的核心。而思考，正是学习的关键。很多同学记忆力很好却依旧学不好，最重要的原因是他们忽视了思考的重要性。

其实，不管是费曼学习法，还是其他学习方法，其本质都是在推动我们进行思考。学习和思考永远是相辅相成的，不思考而想得到提高可以说是天方夜谭。

正所谓"学而不思则罔，思而不学则殆"，希望同学们都能在遇到问题时学会运用大脑，也希望这篇文章能给迷茫的你带来一些启发。

高三时间紧任务重，很多学生已经感到力不从心，常常会觉得是自己智商不够用，可事实真的如此吗？其实，很多时候不是同学们智商不够用，而是不能做到很好的时间管理。那么，怎样才能进行良好高效的时间管理呢？

第一，记住，时间并不重要。说到学习时间紧张，很多人首先会想到的就是怎么挤时间——压缩睡觉的时间、压缩吃饭的时间、压缩休闲娱乐的时间等等，把一切学习以外的时间都压缩到极致，仿佛就是管理时间的最佳方式。

为学习成绩而苦恼的同学，常常也有觉得时间不够的苦恼。因为他们觉得，要想把成绩赶上来，必须给自己"补课"——多补习以前的基础或者多找点教辅资料来做一下。但是，老师上课已经占用了绝大部分的时间，又有好多好多的作业，每天连作业都做不完，哪里来的时间去自主学习？

还有一种情况是，有的人花了很多的时间去学习，几乎达到了人的生理极限了，不太可能再挤得出什么时间出来了，但进步仍然十分有限。而自己在非常痛苦地看书做题的时候，那些成绩比自己好很多的同学却似乎很悠闲的样子。如果时间都利用到了这步田地，还有再改进的空间吗？

高三拼的不是智商，而是时间管理

✲ 佚名

把试卷写满不是本事，在试卷上写上正确的内容才是本事。

对于这些问题，用一句话解释：时间并不重要，重要的是效率。

第二，学习时间也有"马太效应"。马太效应，是指一种强者越强、弱者越弱的社会现象。

学习好的人，因为看书做题很轻松，时间剩下很多，可以用来让自己取得更大的进步；而为学习苦恼的人，因为看书做题都很痛苦，效率低下，每天连老师布置的作业都难以完成，根本挤不出时间来学习，只能越来越痛苦。学习成绩的"贫富差距"越拉越大。

要解决这个问题，单纯靠挤时间是没用的——就像穷人单纯靠节约储蓄无法从根本上改变自己的经济状况一样——我们必须记住世界上有比时间更重要的东西：效率。

眼睛只看着时间，是无法摆脱"马太效应"的陷阱的。

在管理时间的时候，我们必须要记住：每个人一天都只有 24 个小时，再怎么挤也是有限的；但是时间利用的效率是可以成倍提高的，提升的空间很大。当我们在思考如何利用时间的时候，首先要想到的不是去哪里挤出多少时间出来，而是怎样提高现有时间的利用效率。

所以，提高时间利用效率的第一原则：学会舍弃。"处好人际关系最重要的原则，就是不要试图让所有人都喜欢你。"把这句话的思想内核用在时间管理上，可以这样说："利用好时间的最重要的原则，就是不要试图把所有的事情都做好。"

真正懂得如何利用时间的高手，一定是懂得如何舍弃的人。高三学习的压力很大，很多人被弄得手忙脚乱。我们在学习的时候，面前总放着一大堆书，但你每次只能拿起一本书认真阅读，而不是同时拿起十几本书随意浏览——这是最浪费时间的学习方法。

只有读完一本书之后，再拿起另一本来阅读。那么，该选择哪一本呢？答案很简单：最重要的那本。对第二重要的那本，坚决不看。当你把最重要的那本看完之后，第二重要的，也就变成了最重要的那本了。

接下来，提高时间利用效率的第二原则：做自己力所能及的事。在有限的时间内寻找最重要的事情来做，要放弃的事，不仅是那些看起来不太有价值的事。更重要的是，要学会放弃那些看起来很有价值，但是超过自己能力范围的事。

一道难度极高的题目，总是让人忍不住想去挑战一下。如果你在做完高考试卷前面的题目之后，还有充足的时间去解决最后一道难题，这样的难题当然值得去挑战，因为它会给你加分。但是，如果你前面的题目做起来都很困难，那么，挑战这样的难题，不仅不会有结果，还会让你减分——因为你没有更多的时间去做那些你本来可以拿分的题目。我们要保证自己的学习效率，就要多做和自己水平相适应的题目，这样既有成就感又能提高自己的解题能力。

所以，对那些刚开始制订计划的人来

说，计划应该适度低于而不是高于自己所能完成的水平。比如你预计自己复习某一部分的内容需要1个小时，那么你可以计划用80分钟。让时间充裕一些，但尽量保证每天都能完成规定的任务。在一天结束的时候，前一天所计划的任务都做完的成就感是非常爽的，可以给你继续制订和执行计划的信心和动力。这样循序渐进，再慢慢地提高标准，才能真正高效地利用时间。

然后，提高时间利用效率的第三原则：根据不同学习内容的特点来安排时间。"人不能两次踏进同一条河流。"这是古希腊哲学家赫拉克利特的名言。那么，我们也可以说："人不能两次度过同一个小时。"每一个小时都是很独特的，在每一个小时里面，我们周围的环境、我们自己的生理心理状态，都会发生变化。上课的时间和在家自习的时间，显然是各不相同的。我们不能简单地把24小时划分成一个一个的小格子，然后往里面填充内容，然后就管这叫"时间计划"。我们必须学会让不同的学习内容和不同的时间相契合。

那些需要大量阅读、理解、背诵的东西，就要安排精力比较充沛、不容易受到干扰的时间段来做。那些精力不太旺盛、比较容易受干扰的时间用来做什么呢？用来做题。因为做题的时候需要动笔演算，可以强迫你集中注意力，即使周围环境比较吵闹，即使你精力不太好，仍然可以达到练习的效果。

最后，提高时间利用效率的第四原则：

注意适当地休息。在高三阶段要想把时间利用好，除了要挤时间学习，还要学会挤时间休息。有很多同学喜欢熬夜，因为夜里安静，有利于学习。但这样就会影响白天的精神，上课老想打瞌睡，又怕被老师发现，睡得还很不安稳。于是，课没有听好，觉也没有睡好，一天到晚都迷迷瞪瞪的。

其实高中的时间说长也长，说短也短。要浪费时间很容易，一晃就过去了；要努力学习时间也足够，学习任务重的时候偶尔熬夜可以，长期如此身体肯定坚持不住。因此一定要学会执行——把良好的计划变成现实，就跟我们学习需要预习和复习一样，计划既需要每天执行之前牢记在心，也应该在每天执行之后进行检查，只有如此才能不停地督促自己，持之以恒地坚持下去。

然而，我说了那么多关于如何进行时间管理的话，就是没有告诉大家该怎样列一张每天如何安排时间的表格。实际上，这可能是在时间计划中最不重要的一个方面了。你只要拿出一支笔一张纸就可以填满整张表格，但里面的东西可能对学习毫无帮助。

我们都知道，同样是一张写满了字的密密麻麻的试卷，有的人能得到满分，有的人只能得零分。所以，把试卷写满不是本事，在试卷上写上正确的内容才是本事。

时间管理也一样，列出表格把时间填满不是本事，知道如何在正确的时间填入正确的内容，然后认真执行，这才是真正的本事。

❋ 李不延

让英语学习日常化

不管是什么语言，没有词汇作为基础，都是空谈。

试问，"我"这个字怎么读？你可能会对这个"小菜一碟"的问题大吃一惊："不就是wǒ吗？"再来，那你是怎么知道"我"读"wǒ"的？是从它的一笔一画中得出读"wǒ"的吗？显然不是，一横一竖一撇一捺都无法告知我们这个字读"wǒ"。再升一级，在"我"前面加个"口字旁""单人旁""食之旁"，读音毫无规律地发生了改变，有的连声调也摸不着头脑地变了。

不难发现，在汉语的世界里，汉字本身跟发音没什么联系，所以我们小时候识字时，要记住这个字怎么读怎么写怎么组词，是什么意思才能知道怎么用，加了偏旁之后又要重新学一遍。不过好在，我们从小到大天天生活在讲普通话的环境中，语言环境帮助我们不断地重复加深记忆，大大地减轻了背诵的负担。

再来看英语，如果我告诉你，"ay"这个字母组合，y不发音，a读成四声"ei"，在"ay"前面加字母组成新的单词可得到：day、may，say、pay、lay、play……直接拼读成dei、mei、sei、pei、lei、p+lei……这样的例子在英语里比比皆是，相当于在韵母前面加个声母，会拼就会读，会读就会写，而"ay"不就相当于"我"吗？当你学习英语久了，就会发现，写单词在某种程度上来讲就是写汉语拼音，只不过汉语是一个字一个音，而英语是多写几个拼音。

根据英语发音很多时候就可以知道这个单词怎么拼写，加了偏旁也不过是多了拼读的过程，那需要记得是什么呢？是单词和意思之间的关系，比如"ay"加上"s"可以拼出"shuō说"，而说话时嘴巴在动，所以词性为动词。但并不是每个英语单词都可以这么巧记，而且大多数人在日常生活里缺少英语交流环境，这就需要我们自己想方设法地将英语学习日常化。如何日常化呢？我是这么做的。

方法一：花钱时，用记账来记单词。

我坚持用英文记账十多年，踏踏实实地用英语记录每一笔收入和支出，养成记账习惯的同时，也是一种学习。而且这类单词更贴近生活，更适用于日常的交流。比如"早餐breakfast"一个单词重复十多年，想不记住都难，但我不局限于此，而是具体地记下早餐吃了什么，便把"粥porridge""豆浆soybean milk"——收入囊中。值得一提的是，我的家乡早餐超级丰富，一碗白粥，有三十多样配菜，我每天变着法地尝几道不重复的，便掌握了好多新的蔬菜单词。大学时代跟外教介绍中国美食时，别人眼中的不常用词汇，我不查字典信手拈来。

记一笔新账，我就复习几眼前面记的词汇；每晚入睡前，我做复盘总结时，再看一遍今日份单词收入，记账就像是我的单词存钱罐，给予我日积月累的充实感。

方法二：刷牙时，眼睛看镜子上贴的单词。

有什么事情是每天必不可少的？除了记账，第二个我想到的便是刷牙。有的人甚至一日三餐饭后都要刷牙，加上起床和睡觉前，一共是五次。这么好的机会，我作为一个英语爱好者，当然不能错过背单词啦。如果说记账更多的是偏向于课外词汇的扩充，刷牙时我则聚焦于课内单词。学生时代，我会将每日需要识记的课本单词贴在洗漱台镜子上，这样就解决了"刷牙时，眼睛往哪里看"的问题，也不会觉得刷牙是一件枯燥无聊而不得不完成的任务。此外，床头也可以贴单词，睡觉前和起床后识记几遍，记忆得以巩固加深。

不管是什么语言，没有词汇作为基础，都是空谈。撇开天赋异禀者，大多数外语学习没有捷径，无非就是重复背诵，以此一步步地加深记忆。那些英语口语流利的人，背后都是经年累月的厚积薄发。学习语言既然需要日积月累，何不稳扎稳打地将单词落实到日常呢？况且根据我多年的英语笔试经验，有些英语单词即便你终其一生，也不见得要在考试时写出来，更多的是需要认出单词的意思。

想一下，你有什么事情每日必做，再将它和背单词结合起来，渐渐地背单词也会成为日常生活中不可或缺的一部分，哪天不完成还会觉得空落落的。当你离不开单词时，单词怎么舍得离开你？

在别人看来你很努力，你也觉得自己够努力了，但成绩才是最好的证明。

我是如何摆脱"假努力"的

✳ 南嘉

我不太喜欢"每个人都是主角"这句话，看似很励志，但事实上，我们只会成为自己的主人，永远都在扮演着独角戏；在整个社会的大熔炉里，我们依旧只是少数人的陪衬。优秀的人只是少数，成为主角哪有那么容易？

先说说我吧，我不是纯衡水人，只能说是半个衡水人，而且是沧州混衡水的"混血娃"。选择去衡水上学是我自愿的，可我并不是学霸。我以前总听别人说，初一初二抓紧时间玩，初三一年努努力追上去，高中可就没时间玩了。我就抱着这样的心态放飞了自我。初一，玩；初二，还是玩；初三，抓紧学习吧，可是来不及了，基础都没打好怎么学？真是基础不牢，地动山摇。最终结果可想而知，差点没有高中要我。然后我决定了，我要改变，我要去一个离家远的地方读书，我要重塑自己，回来惊艳所有人……现在想想也是可笑，我凭什么觉得自己一年就可以把别人学了三年的知识都学会呢？

踏入衡水高中的第一天，我就决定，我要成为一匹黑马，我相信许多人都会在踏进高中的第一天立下目标，也有不少人想要改变，但是你会发现，每年的黑马并不多，因为大多数人都像我一样，不是没有努力，而是在"假努力"。

拿一个科目来举例吧，我偏科，英语是我最弱的科目。我也想把英语成绩提上去，我早自习不干别的，四分之三的时间都给英语，就背单词，背语法，背老师讲的试卷。我整理错题本，笔记做得也很全，连老师都会把我的错题本分享给别人看。结果呢？我的英语成绩依旧不尽如人意。

就有很多同学问我："天天看你在学英语，怎么成绩就是提不上去呢？"最开始我也很困惑，现在我明白了，因为我那是在假努力。背单词时我只是机械地背，并没有方法技巧，能记住几个全凭运气。笔记错题本整理得好，但我不去一遍遍地看哪能记得住呢？别人背作文一个课间就够，而我需要一星期，因为从来不理解着背，不知道作文意思，只是机械地重复。每节自习课都会问老师错题、不会的题，但是也仅仅是为了完成班主任强加给我的任务——偏科的同学要找老师问问题，每天都要签字。看，别人都以为我很努力，但是有没有效果呢？分数就摆在那里。

因此，不要抱怨自己努力了，为什么效果不明显。首先，一两个月根本拉不开太大的差距，再坚持一段时间也许就会有效果了。其次，你确定自己是真正在努力，而不是"假努力"吗？在别人看来你很努力，你也觉得自己够努力了，但成绩才是最好的证明。

分享了这么多，那就说一下我的建议吧！

打破假努力的第一步，转变心态。心态对我们来说很重要，不要想着高一学得差不多，高二也差不多，等高三再努力。其实每次的差不多最后的结果都是差很多。要想成为少数的黑马，就转变心态吧，从现在开始拿出小本子写一篇自我学习剖析，看看自己的强项弱项是什么，回忆一下自己是怎么学习的，问问自己努力了为什么成绩依旧提不上去。顺便把自己理想的大学，城市，喜欢的生活状态写下来。

第二步，制订学习计划。这是你成功的前提，准备一个计划本根据自己的情况在晚自习最后五分钟把第二天的学习计划做出来，第二天完成一项画一个小对号，没完成画一个哭脸，我们最后见分晓。

第三步，行动起来吧。不要让你的理想成为空想，不努力，梦想就只是白日梦。就算你现在没有理想的学校和专业也无所谓，你只要制订一个学习的计划就可以了。每天进步一点点，等高考放榜看到分数，再去慢慢选择自己的学校专业，那时候你就可以考虑南方北方，考虑学校的环境，想学的专业，当地有什么特色……有条件的可以在暑假去自己心仪的学校看看，给自己点动力。另外，碰到不会的题一定要及时间，要真正地理解弄懂，再整理到错题本上。没有不愿意教你学习的老师，我们都有年少轻狂的时候，也有看老师不顺眼的时候，但是我们学习是为了什么？为了自己啊！厚着脸皮去问吧，如果老师说话难听，就选择性只听他讲题就行了，别的不要在意。实在不行就去问学习好的同学吧，当然你也可以准备点小零食，或者给人家也帮帮忙。

最后一步，坚持。只要坚持下去，相信我，肯定会有一个意想不到的结果。不要觉得为时已晚，只要你开始了，就不晚。不要总是回头看，也不要总说"如果我当初怎么怎么，现在肯定就不这样"的话了。有这抱怨的时间还不如多背两个单词。

最后我想说，高考是一个孤独的旅程。这段旅程可能有很多的诱惑，也有很多的坎坷，在坚持不住的时候，就想想自己的目标，找找自己的初心。高考将至，愿全体高三人拥有"黄沙百战穿金甲，不破楼兰终不还"的远大目标，怀揣"更行十万八千里，何惧东西南北风"的必胜信心，夯实基础，积聚力量，力争在高考这场没有硝烟的战役中凯歌高唱。

如果方向错了，越**努力**越**失败**

✳ 青栀

小学和初中的时候，总听见别人说："你看那个谁，学习多用功，学到那么晚，周末也不休息。"然而等到了高中，听到的话却变成了："你看看那个谁，天天打篮球，不怎么学习考得也那么好。"之所以那些人的说辞会变，是因为他们发现，一直超级用功的学生，上高中之后，很多人的成绩不再那么突出了。

我的一个高中同学，入学考试成绩平平，第一次月考的成绩也只是排在上游，算不上拔尖。在前两个月里，我们对他的印象也仅仅是个子最高。但从第二次月考到高考，他的成绩就没出现在年级大榜的前三名之外。初入高中，老师的作用还没那么明显，没有老师敢将他的成绩归功于自己，再说了，他其实很少认认真真地听完一堂课。

当时学校实行的是"第三节晚自习自愿选上"的制度。他从来不上第三节晚自习。第二节晚自习一下课，他每次都是第一个走，而且只拿一本英语词汇书回家。

别人还在埋头苦干、奋笔疾书，他却早早收拾好准备回家了。他离开教室的时候，会扫视一眼我们，似乎带着一丝戏谑。

在以后的日子里，他当了校园广播站的站长、班级团支书，还是学校各大活动的主持人、学校排球队的主力，然后又不出意外地出现在高考动员大会上，作为优秀学生代表讲话。高考成绩出来，他的名字依然在榜单的第一位。

反观我的另一位同学，小学和初中是众人眼中的"天之骄女"，是很多家长反复谈论的"别人家的孩子"。不论是小学还是初中，她的成绩从来都是名列前茅。上了高中之后，她慢慢变得平常，变得普通，虽然她在学习上依旧是全力以赴。高三的最后冲刺阶段她更是学习到昏天黑地，经常头发也不梳，早饭也不吃，最终却只考上了一所本省的普通一本。

这究竟是为什么？后来，经过了解，同时结合老师们的总结，我终于找到了答案。

高中学习，往小里说是方法问题，往大里说是认知问题、方向问题。

那个从来不上第三节晚自习的"学神"，看似不怎么用功，但他在学习的时候，是真正做到了两耳不闻窗外事。有一次数学老师在课堂上讲到了一道很难的题，极富挑战性，下课后他在喧闹的课间心思缜密地把这道数学题做完了。他没有教辅用书，他依靠的是课本知识，他也没有习题册，他所钻研的只是课本上的所有例题，反复钻研，自己给自己拓展思路。他每次在课堂上都能提出关键的问题，那是因为他已经早早预习好了。他所提出的问题，都是他反复思考之后"残留"下来的。因为注意力高度集中，他每天用一个小时就能完成作业，其余时间就背英语单词，高中还没毕业，英语老师说他的英语已经超过了大学英语四级水平……

高中的学习靠的是悟性和理解，是对知识的掌握和应用。

在一些重视孩子教育的家庭，在父母双方都有一定的知识背景的情况下，很容易爆发这样的教育分歧——父亲只让孩子找几道"类型题"做一做，如果完成质量较高，他很乐意带孩子去玩耍；可是母亲想让孩子做得多一点，再多一点。父亲和母亲有人做错了吗？事实上谁也没错。但是，如果把握不当，让孩子在小学、初中就处于"无限用功"的状态，孩子上高中后就很有可能后继无力。

高中的学习，目的是选出真正的人才。现在学生所做的练习题，都是有答案的，但是未来国家的发展，需要的是他们在未知的领域给后人寻找答案。国家真正需要的不是只会在题海中套例题、套公式的"巨型小学生"，需要的是只在课本例题中就能体会到万变不离其宗、能自如应对各种变化的"会学习的学生"。

因此在我看来，高中学习，往小里说是方法问题，往大里说是认知问题、方向问题。如果方向错了，结果可能就是越努力越失败。对高中学习的认知是一门学问，而有的人直到毕业都还没真正找到方向。

如何写好作文

✱ 陈奕茗

> 只要你一直向前走，终有一天会发现，念念回首处即是灵山。

在写作这条漫漫长路上，好像并没有永远的成功者。无论你的作文成绩现在是高是低，都有一段属于自己的写作之路要走，而这条路上的起起伏伏都是别人无法复刻的。只要你一直向前走，终有一天会发现，念念回首处即是灵山。

如果将我高中三年的作文成绩绘制成一幅折线图，会发现这条折线充满波折，有着大大小小的波峰和波谷。同样地，回望我的写作之路，也是一段充满曲折与探索的成长旅程。

因为从小非常热爱阅读，初中的时候我就已经"啃"了大量课外读物，所以那时的作文成绩通常能保持不错的分数。但高一系统性地接触到议论文后，我发现自己一下子变得脑袋空空，想动笔却根本无从下手，面对作文题目总是无话可说。好在这样阶段性的挫折并没有磨灭我对语文和作文的兴趣，我依然坚持每天积累素材并系统整理，还在每天早读规划时间完成记背素材和练笔的任务。通过这些努力，我很快调整了过来，实现了自己的议论文入门，多次在模拟考中凭借作文 50+ 的显著优势取得语文单科第一的成绩。

现在回忆的话，其实是因为在高一阶段大家还没有很重视素材积累，分配给作文储备的时间也不够多，所以我弯道超车，超前地搭建了自己的基础素材库，比别人走得快了一步，也为我的作文写作奠定了较好的基础。

然而进入高二，我毫无心理准备地掉入了低谷。我至今记得，从高二开学考开始，我的语文成绩变得泯然众人，甚至直线下滑到了班级中游，而最明显的就是我的作文成绩开始在 45 分左右徘徊。随着学习的深入，我的总成绩依然保持第一，语文却成了我最拖后腿的学科。我花了很多时间找老师看作文、改作文，找高分作文学习，在网上搜寻作文提分的方法……之后，我自认为有了一些进步，可是每一次的作文成绩总是那么残酷地让我认清：我写不出一类文。

后来我才看清，当时的我是陷入了套路的枷锁——提笔就是模板式的开头、三段式的论证，以及自认为很好的文采和丰富的素材。有一次，语文老师对我说："你有没有发现，你每一篇作文都是这么写的？"我才忽然发现，离开了这套模板，我竟不知如何落笔，也没有自己的思考。这样的事实让我彻底清醒，我强迫自己丢掉那个"精心打磨"的模板，真正开始阅读、思考。

也许领悟是在一个瞬间突然的灵光乍现，也许我已经在努力写好作文的道路上走了很远，只是结果没有那么快显现，从高三上学期开始，我的作文突然有了起色。我依然清楚地记得，那是高三的一模考试，当我得知我的作文是年级最高分，甚至作为范文在年级传阅时那种雀跃的心情——想要流泪。

我渐渐领悟到，想要写出一类文，只会背作文素材是不够的，议论文还需要鲜明的论点、巧妙的论证和独属于自己的思考；我渐渐领悟到，有时候打破常规的论证结构甚至尝试别的文体，反而能让阅卷老师眼前一亮……如今的高考作文考评，更呼唤我们培养独立思考的能力、多样化的视角和对具体问题的批判性思维。

在课余时间，我零零碎碎读了一些哲学、新闻传播和心理学的书籍，这开拓了我看问题的视野，也让我拥有了在作文中理性分析问题、表达观点、回应时代之问的能力；在自习时间，我通过片段写作训练自己的论证能力，培养了清晰的逻辑表达能力。渐渐地，我的作文不再是素材的堆砌，而是拥有了清晰可见的逻辑链条。同时，我意识到自己以前对优秀作文的分析都止步于表层的素材使用和模板技巧，于是开始从审题、结构、逻辑等方面重新分析高分作文，将他人作文中的亮点吸收并为我所用……而这些努力也投射到了我的成绩上，让作文重新变成了课业中令我骄傲的一部分。

高考前的最后一次备考练笔，我以贾宝玉前后期的变化起笔，串起了整篇三元论证，一气呵成。在作文的结尾，我写道："昔日繁华的大观园早已倒塌，而语言的魅力仍在。"当我将作文交给语文老师，她看后露出会心的笑容，告诉我："稳了！"我便知道，挥毫文墨的能力已重新回到了我的身上，而在这个过程中，我的思想也变得更加丰盈、成熟，我找到了写作的意义。

坐在高考考场上，我娴熟地审题、破题、列提纲、提笔写作，合上笔盖后，又将作文通读一遍，长舒一口气。我想，这就是我能为三年作文学习交上的最完美答卷了。

当然，最后的成绩并没有辜负我。与文字偕行，我自将行远。

语文背诵方法对了，你也能很快背熟课文

✳ 陈慧

　　背诵是让很多人头疼的事情，有很多人会说："我背了几个小时了，也没有背会，背诵真的太难了！"

　　记住，背诵不难，只是你没有用对方法！背诵不能死记硬背，背诵是有方法的。

　　下面我来给大家介绍一些好的背诵方法。其中包括：古诗词背诵、现代文背诵和文言文背诵。

古诗词背诵

　　对比较少的古诗词来说，我们可以采取画图记忆法背诵。

　　我拿王之涣的《登鹳雀楼》举个例子吧。如：白日依山尽，那我就可以画一个太阳，依着山，快要落进山里去的样子；黄河入海流，画一条河，然后再画一片海，河海相连接。

　　画图未必要画得有多精细，只要自己明白就好！

　　画完之后咱们把古诗词放在一旁，拿起自己的画的图，看着背一遍。如果这一遍很熟悉的话，那便把图记下来，再闭上眼睛想着图背一遍。如果不熟悉的话，便把古诗词和自己画的图对照着读，等到非常熟悉之后，再尝试背诵一遍。

背诵不能死记硬背，背诵是有方法的。

这种方法对我来说很有用，每次一遍就能背熟。这种方法真的让我背古诗词非常高效。

背熟古诗词后，还要看看自己画在图上的谐音字，如：我把"尽"画成了"进"，太阳快要落进山里去的样子，所以可能会有字的偏差，因此需要我们对画的谐音字进行重点记忆。

现代文背诵

现代文一般都很长，像有些散文，通篇都是在描写景色，非常难记，这时候画图记忆法就不行了。

那怎么去背诵现代文呢？

可以采取想象记忆法！想象记忆法，顾名思义就是得想象，那怎么想象呢？这时候咱们就需要找一个"小助手"了。

这个"小助手"的作用是什么呢？读！

有人该说了："是我背又不是'小助手'背，为什么要让'小助手'读？"

让小助手给你读三遍！你去记忆！小助手读的时候你要一直集中注意力，聆听想象。

第一遍打初稿，第二遍查漏补缺，第三遍把之前的结合起来。三遍下来你就会对这篇现代文有大概的印象了，这时候你就可以尝试着去背诵了。

我用这种方法去背诵现代文，真的三遍下来就能比较顺了！

文言文背诵

文言文有一种记忆法非常好用！我们可以采取头字背诵法。就是把每一句的第一个字写下来，然后多读几遍，再按照第一个字背下来这句文言文。读下一句话的时候，再把前面的那句带上去。一句一句地带最后通篇文章就能背会了！

我们班同学用这个方法在课堂上跟着老师背了一节课后，整篇文章就能顺畅地背下来了，课后再巩固巩固就能完全背会了。

总体来说，背诵方法很多，这些是我试过觉得非常好用的背诵方法。如果你在背诵时遇到了瓶颈，你也可以尝试使用这些方法进行突破。但是这些方法有时候并不适用于每一个人，所以还是得找到最适合自己的方法，才能有助于自己背诵。

最后，希望我这篇文章能给大家带来收获吧，也祝大家可以找到最适合自己的方法。

高考，如同一场青春的长跑，我们从年轻的此岸出发，盼望到达象牙塔彼岸。这一重要且艰辛的人生跋涉，可能会改变我们一生的命运，许多人满怀憧憬、干劲，却总是遭遇磕碰。

如何才能在这场比拼耐力、意志力的跋涉中胜出？

且看那些足以提高我们长跑征途中"生命值"的故事。

专注一件事，把不可能变为可能

69岁的登山家夏伯渝在2018年5月14日这天实现了登顶珠穆朗玛峰（以下简称"珠峰"）的梦想。

1975年，作为中国登山队的一员，夏伯渝和队友在攀到7600米时，有一个队友丢失了睡袋，他将睡袋让给队友，结果他的双腿严重冻伤，最终不得不接受截肢的命运。自此，夏伯渝开始了登顶珠峰的"长跑"，他先后三次尝试借助假肢去征服珠峰，但都没有成功，其间他因为截肢的残端感染又接受了一次截肢手术，但他依旧咬牙坚持，终于在第五次尝试中圆梦。

43年专攻一座山，专注一件事，夏伯渝用"没有比脚更长的路，没有比人更高的山"总结这些年的磨砺，而这句话也一直深深地激励着他。

夏伯渝的故事虽只是极少数人的壮举，但这仍然提醒我们，那些我们以为无法完成的目标或受某种限制而产生的瓶颈，其实并非无法跨越的鸿沟，关键在于我们要集中精力做好一件事。

要做到这点，我们需要：

1. 排除一切干扰，坚定心中所想

许多同学在面临文理分科、高考志愿填报、是否坚持所学特长等重大问题时总会患得患失。一方面在于我们未能对自己的定位、性格、人生规划综

提高高三长跑征途中的"生命值"

❋ 卜宗晖

有对手才有成长，有对比才有进步。

合考虑清楚，另一方面在于受阅历、知识面的限制，我们容易受旁人的评价、父母的意愿、结果的得失左右。为了实现心中所想，我们可以通过"我知道自己擅长并且很想去做这件事""没什么可怕的，大不了从头再来"等暗示语激励自己卸下包袱，大步朝前迈进。

2. 付出努力，量变成就质变

不少同学期望通过解出几道难题或者掌握几个学习技巧，给自己注入"强心剂"，进而找到松懈的理由。然而高考考验的是大家的"续航"能力，几次艰苦的付出未必能马上换来硕果，只有以"不积跬步，无以至千里"的耐力才能赢得"长跑"的胜利。例如同学们可以用周记的形式记录下自己每周的收获和不足，分析原因，把已经完成的小目标一个个打钩，在自己累了的时候往前翻阅一下便能"满血复活"。每当掌握某类新的题型就要收笔的时候，不妨再拿一道题作为挑战，你会发现"N+1"的刺激能让自己巩固成果，保持积极的状态。

3. 找准发力点，一击制胜

善于寻找机会是每个人的必修课，好比弯道超车，寻找合适的时机和角度非常重要。

日常学习中我们不要一味赶路，应偶尔慢下来仔细剖析自己的优势和短板。尤其对基础薄弱的同学来说，更要懂得集中发力，攻下一些简单易拿分的题并总结出正确的做题思路。虽然有时进度看似比别人慢半拍，但只要把握好自己的节奏，在跨越一个个小的弯道之后，就能在漫长的跑道上逐步提速。

姿态比结果重要

相信很多同学听过马来西亚羽毛球名将李宗伟的故事，他实力超群、技术精湛，被称为"世界羽毛球界四大天王之一"，但在世界大赛上他却屡战屡败，拿到的总是亚军。提到李宗伟，就不得不提他的对手林丹，40 场林李大战中，李宗伟只赢过 12 场，而在决赛中李宗伟更是从未有过胜绩，被人戏谑称为"千年老二"。

倘若我们光看数据和结果，一定会认为李宗伟是失败的，至少绝对称不上是"成功的典范"。但他的对手林丹却说："你们除了看到我，也应该看到我的对手李宗伟，我不觉得他是失败的。他通过努力让很多人也认可他，我觉得这就足够了。金牌只是一种标准，不能够代表所有。有时我也会向李宗伟学习，我会想他输给我这么多次重要的比赛，为什么还能够放下一切，继续跟我再拼下一次比赛？"

可是就在职业生涯末期，李宗伟被查出罹患鼻癌，好在诊断结果是早期，36 岁的李宗伟决定再拼一把，并且隔空喊话林丹，然而这一次，他挂在嘴边的不再是执着多年的"证明自己"，而是"其实冠军对我来说已经不是很重要了，我想的是接下来看能不能再多打两年，慢慢享受羽毛球"。

享受比赛，敬畏对手，这不禁让人想起他的自传《败者为王》传递给人的精神。

而他的故事也给了我们几个启示：

1. 生活不是只有成功和失败

把某次重大考试、人生转折看作是人生成功与否的唯一标准，因而过分看重某个阶段的得失，从而引发强烈的挫败感、无望感，这是消极且不必要的。

我们需要通过努力证明自己，但更需要从多个角度审视生活，比如不妨站在父母的角度想，他们起早贪黑挣钱供我们读书，其实并不只是希望我们取得好成绩，他们还希望我们发现自己的兴趣，结交有趣的朋友，培养优良的品格等。站在时间的角度想，未来的你一定会感谢曾经这个努力奋进的自己，不论结果如何。

2. 生气不如争气

有对手才有成长，有对比才有进步。一些同学在面对与自己势均力敌的竞争对手时，总是倍感压力，觉得"既生瑜，何生亮"，自己生闷气，于是干脆破罐子破摔、自暴自弃，或者以拖延、敷衍的状态面对接下来的任务。事实上，任何一段征程我们都不是孤军奋战，有朋友也会有对手，是他们促使我们发现自己的不足。同学们应该勇于承认竞争、困难的存在，通过专题突破、列知识点思维导图、任务清单等方式查漏补缺，不断提高自己的成绩。

警惕终点前的疲惫

有研究表明，在全程约42千米的马拉松比赛中，经历过前面一路消耗体力的折磨与挑战后，在距离终点还有10千米的时候，是运动员最疲惫的时刻。此时，运动员会出现前所未有的口渴、头晕、难以集中精力等情况，最大的难关就是心理防线容易崩溃，一旦在这个时候掉链子，就会令之前积累的优势丧失殆尽，一直等待机会的后来者就会铆足了劲儿实现超越。

临近高考，眼看距离这场马拉松的终点越来越近，许多同学也极易出现疲惫、松懈、坚持不下去等问题，如何在此关键时刻把握好节奏，稳扎稳打？且听笔者说来：

1. 合理分配时间、精力，调整复习的速度

在复习的最后阶段，不要试图突然把速度提上来，要牢牢盯住你的计划，不要被周围人焦虑、慌乱的情绪影响。通过合理安排回看试卷、错题，研究押题的时间，分配有效的精力。不宜完全松懈，什么都不看丢在一边，这不利于保持适度的思维活跃度和紧张感。

2. 自我暗示，相信美好未来

当感觉到自己已经在正轨上"行驶"了一段时间，同学们不妨展望一下美好的大学生活，同时以比平时更敏锐的眼光发现身边人对你的支持和鼓励，想象家人和朋友在为你加油，不断告诉自己"保持轻松"。

3. 坚持就是胜利

不断提醒自己只需要再忍耐一段时间的疲惫就结束了，这么长的时间你都坚持下来了，再坚持一下，努力考出一个让自己回忆多年的成绩吧。

轻舟已过

万重山

✳ 黄昏里

我当时一腔热血，只是觉得自己不该是这副模样，所以我披荆斩棘，一步一步向前走着。

我还有梦，值得去追

高考过去很久后，我依然时常收到同学们的 QQ 消息，问我的学习方法，问我的未来规划。往往我还没有回答，他们又会加上一句："不过你这么有毅力，无论做什么，都会有很好的结果吧。"

高三之前，期末考试我一直稳居班级倒数十名之内。学校有一千多人，我在九百名开外。那时的我是个十足的差生，曾不止一次因为着装问题被叫到班主任的办公室。

我是如此冥顽不灵，以至于高二下学期开学时因为记错开学时间，第二天赶到学校时，班主任坚决不让我报名。最后我爸妈去了学校三次，才交上了报名费。

他们走后，老师给我发书时，只对我说了一句话。他说："你别忘了你是比别人多交了多少钱才勉强上了高中的。"

七千多元，我记得的。现在从那个银行门口路过时，爸爸取钱的样子我依然历历在目。

高三那年的冬天，于我而言最深的感受就是冷。租的房子门缝有些漏风，我晚上放学回到那里，放下书包就开始做习题，以前的小说通通都收到了床底。

我不敢关紧窗户，每次手被冻僵就停下笔放到衣服里焐一下。打瞌睡时就走到窗边，迎着刺骨的寒风让自己清醒一下。晚上 11 点 30 分上床睡觉，早上 5 点 30 分就挣扎着从温暖的被窝里爬起来。

我记得一月份的一个早上，我打着手电筒去接水，嘴里哈出了很明显的热气，看到周围密密麻麻的房屋里只有我的那一间亮着灯，不知不觉就落下了泪，我甚至不知道自己为什么会哭。

那段时间很难熬，说出来你也许不信，我直到高三之前都不知道一二三四象限怎么区分，也不知道元素周期表中的必背元素有哪些性质，可那确确实实是我当时的情况。

我上课听不懂老师讲的是什么，因为落下得太多，我只能连课间10分钟都用来预习，不放过一点时间去看书，试图跟上老师讲课的进度。周末我把自己关在出租房里，拒绝了一切邀约。

用文艺一点的话来说，那时候的我像一头孤独的鲸，游弋在深海里，唯有坚持一路向前游，才能完成自我救赎。

那段时间我受到了太多的质疑，老师的、父母的、同学的，甚至我自己的。我只能一次次将成绩考得好一些，我曾经最不屑的分数成了自我证明的最好存在。

高三下学期，离高考还有三个月，我已经稳居班级前三名，一切好像一下子豁然开朗起来。我听到同学谈论我时，说的不再是我不自量力，而是来向我探讨学习方法。老师看着我时怀疑的目光变成了赞赏，我的父母也终于松了口气。看着他们明明很想让我继续加油却只能对我说"尽力就好"时，我更加坚定了自己要来一场绝地反击的战斗的决心。

那时候天气渐渐地暖和了起来，我保持着平均一个星期做一本习题的强度，每天累得挨到枕头就能睡着，那是后来我再也没有过的一种高速入眠。

高考前的一个星期，高三的每个班级都办了毕业晚会。当同学们不顾校长、教导主任的命令，叫着、笑着，疯狂地撕书向窗外抛撒时，我静静地坐在座位上。看到窗外像雪花一样纷纷扬扬的纸张，我突然想起了冬天我独自从租房子的地方走到学校时，黑暗夜空中静静落下的雪，一样地叫人哽咽难耐。

高三，再见。我看着毕业证书上自己的小像，轻轻地说。

最后，我的高考并没有超常发挥，也没有很大的失利。分数下来的时候爸妈很高兴，虽然我还是有些不太满意，但我不会选择重来一年了。不是因为觉得苦和累不敢再来一年，只是因为我对自己的付出已经没有任何遗憾了。

7月，我收到了第一志愿的录取通知书，和一个准备复读的同学打了一个通宵的电话。他说："你知道吗？要不是因为你，我绝对不会想再好好努力一把，弥补青春的遗憾。"

我笑了笑，这不是第一个人跟我这样说了。我当时一腔热血，只是觉得自己不该是这副模样，所以我披荆斩棘，一步一步向前走着。也不知道从什么时候开始，我竟然变成了他们想成为的样子。

"好羡慕你，我也希望能活得像你一样。"同学录上，不知是谁落笔写下了这样让人笑着笑着便想落泪的话。我现在来不及细数和计较这一年来的摸爬滚打经历的艰辛，翻过了高考这刻骨铭心的一页，我对自己说，我还有好多梦在远方。

我坚信高考带给我们的不仅仅是一场考试那么简单，至少它已经让我明白，因为心有不甘，因为没有办法心安理得地说服自己满足于现状，所以选择艰难地向前走着，回味着放弃比坚持更难的体验。

✳申赋渔

落榜之后

高考结束了，我到学校去看榜。许多脑袋都凑在报栏前面，没有人说话。这是一所落后的乡村中学，90%的人都不可能考上。可是明确知道自己再也没学上了，心里还是很失落，很茫然。和我要好的三个同学都没考上。

志远、王杰、文进和我，都是学校文学社的骨干，经常会在学校的油印刊物《雏凤》上写点东西。我们在高三的时候成了好友。我们是下午到学校去看分数的，看完之后，大家都不愿意回家，就想在外面这样游荡着。学校里也是一分钟都不愿待了。这个学校跟我们再也没有了关系，我们是不会回来了。回来做什么呢？回来只有痛苦。它让我们成了失败者。对于失败者而言，它就是最好不要去碰的伤口。离开这个学校，至今已经三十年，我是一次也没有回去过，

甚至想也不愿意想。不过学校多年前就关了，也被拆了。

我们四个人，就这样漫无目的地骑车上路了。或许是太厌恶乡村了，太想摆脱这一切，我们不自觉地就朝县城的方向骑过去。那里有我们向往的生活。

我们骑到半夜，看到路旁边有个高大的麦秸垛，就停了下来，把自行车靠着麦秸垛放着，然后爬了上去。

四个人，挤在一起坐在麦秸垛的顶上。天上的星稀稀落落，显得天更加灰暗。对于未来，就在几个月前，我们还有着不切实际的幻想。当时的我们，快活地坐在一大片的麦田当中，一边听着布谷鸟的鸣叫，一边侃侃而谈。十年过去，二十年过去，我的耳边总听到这布谷鸟的叫声。听到了，就像我的青春还在、我的激情还在。

那天夜里，我们就坐在这麦秸垛的顶

> 我进不去城里，城外又无处可去，心里一片茫然，只觉天地之大，却无我立足之处。

上，发着呆，年少的轻狂已经从我们的躯体甚至灵魂里飞散了。

王杰是我们几个里面写文章最深刻的。他说："我哥哥在常州拖板车，过两天我去看看。"

"你去做什么呢？"志远问。

"去了再说吧，好歹先有个地方落脚。家里反正是不能待了。"

"你呢？"志远问我。

我摇摇头，没有说话。我没有地方可以去。不过王杰说得对，家里是不能待了。高考之后，父亲就没问过我的成绩。我估计他再也不会问了，他对我早已绝望，他现在连看都懒得看我了。

"我想去北京。"志远说，"我不相信一辈子就这样完了。想要混口饭吃，总是没问题的。要混，不如去北京混。地方大，说不定就有出头的日子。"

大家又说了几句，突然之间又觉得无话可说了。我们之间年龄最小的文进突然趴在麦秸垛上，抽泣起来。大家想安慰他几句，可是什么话都说不出来，眼泪在各自的眼眶里打转。

我们就这样默不作声地一会儿坐，一会儿躺，慢慢天就亮了。天一亮，各自分头散去。

我们四个人分手之后，我继续往北，去了姜堰。这是我第一次去城里，只觉得街道很宽很长，有太多的巷子。问了许多人，才找到新华书店。书店不大，几乎没有人。柜台后面的营业员是一个胖胖的中年人，头已经秃了，脸上没有表情。我大着胆子问他，能不能把书拿出来让我看一看。我实在不知道该买哪一本，我都没看过，我不知道哪一本好，哪一本不好。我只能买一本。

"拿哪一本？"他说。我指一指。

"不要弄脏。"他又说。我赶忙点头。

我就厚着脸皮，赖在书店里请这个没表情的营业员递书给我。我先看简介，看完了，再简单翻看里面的内容，喜欢了，就多看两眼，不喜欢，赶紧递回去。看了三本，营业员不肯再拿："看好了，要哪本再拿。"

我恋恋不舍地站在柜台边上，不敢再请他拿给我看。我就隔着玻璃看一本一本书的封面上的书名、作者名。站了许久，我咬咬牙，下了决心，指着一本封面上画了一座彩色房子的书，说："我要这本。"

这本书叫《小城畸人》，价格也不贵，才8角3分。买回去的当天晚上，我就把这本书读完了。读完了，心里空落落的，既说不上喜欢，也说不上不喜欢。

我没有读懂。

可是我一直带着这本书。二十年后，我已经是一个开始厌倦自己工作的记者，有一天，我又从书架上看到了它。那是夏天的一个午后，下着大雨，外面黑沉沉的，偶尔一个闪电，像要把天空撕裂。我坐在客厅里，重新把这本书读了一遍。读完之后，我决定不再抱怨我的一事无成。第二天，我开始了写作。

第一次去城里，我整整逛了一天，买了一本二十年后才重读的书。城里的样子我现在已经完全忘了，记得的，只有一个出城时的画面。我已经走出好远了，回过头，那一大片灰暗的楼房正慢慢沉没在夕照当中，由明，渐渐变暗。天色已经暗下来，前面的大道上，空荡荡的，一个人也没有，一直伸进无边的黑暗里。我的心里一阵惶惑和失落。在当时，在之后，我总觉得这场景有着某种寓意，是我人生的一个隐喻。

许多年之后，我又做过几次这样的梦。就是这样一个场景，城市就像一张灰色的铅笔画。我在外面，能清楚地看到这画中的每一个细节，可是画里没有生气，一切都像静止的。我四处碰壁，孤立无援之后，站在城市的边缘。我进不去城里，城外又无处可去，心里一片茫然，只觉天地之大，却无我立足之处。

高考前两个月

抑郁的那个女孩，现在怎样了

✳ 虾米的异想世界

在键盘上敲下这个标题的时候，一种不可思议的感觉游走于我的全身，高考已经过去了近18年，而为了考上一所理想的大学所付出的点点滴滴，又仿佛在昨天。

对，标题中那个女孩，就是我。

我的人生并没有因为高考前那一段精神世界坍塌时期而变得支离破碎，任何人的一生都不会因为没有考上名校而一直暗淡。

01

高考前两个月，我的精神世界坍塌了。

那时候，我的成绩并不算差，但如果想考上名校却是没有希望的，我是家里唯一个上了高中的孩子，父母满心期待的眼神一直在我的眼前晃动。

他们说，如果考不上大学，我就得像农村里其他小伙伴一样，走进千里之外的沿海城市，当一个没日没夜忙碌在操作台上的流水线工人。每次想到这个画面，高考失败的恐惧就增加一分。

我一直是个"乖乖听话"的女孩，把父母"知识改变命运"的话深埋心底，单纯地认为上大学是我人生的唯一出路。

每天5点30分不到就起床，学习到深夜12点才睡觉，坚持了三年之久的作息在高考前两个月突然变得难熬起来。

教室里惨白的灯光下是一张张稚气的脸，书桌前高高堆起的书像一座座堡垒，又像一个个废墟。绝大部分时候，偌大的教室里只有翻书的声音，写字的声音。

如此压抑的气氛让我本就焦虑的身体时不时紧缩成一团，紧绷的神经也开始散乱。

我不理解为什么要为了一场考试奋斗这么多年，为什么我的人生会被高考的分数绑定。没有谁可以改变这个现状，我们只能硬着头皮往前冲。

越临近高考，越想往后缩，我的大脑

仿佛总是有一层灰蒙蒙的雾笼罩着，不管我如何努力，都无法驱散它，身体变得麻木，仿佛只是自己的躯壳在教室上课，而真正的自己在学校里四处飘荡。

那个几乎从不逃课的我，开始不敢踏进学校，不敢去上课，不敢面对同学，更不敢参加高考前夕每周轰炸似的周考。

02

在不知所措的慌乱中，高考一步步临近。

我想逃避，但又自责，我讨厌自己内敛的性格导致了如此懦弱的自己。

为什么别的同学都可以在最后两个月依然如初努力奋战，而我要当一个逃兵？

我不知所措，每周放假半天回到家，就把自己锁在房间里，闷头睡觉。

我开始翘课，终于有一天，我崩溃至极，找大姐倾诉我的害怕与恐惧，随之母亲知道了我的情况，她暂停了异常繁忙的工作，在外面租了一个房子，整整陪了我一个月。

母亲是一个心思细腻、敏感又要强的女人，她从来没有想过一直以来乖巧听话的那个女儿，现在竟然开始不愿意上学。

她不断地责怪自己，觉得是因为自己忙于家务和工作，太少关心我的学习和情绪才导致了我的崩溃。

母亲经常趁我睡着后，偷偷地起来抹眼泪，有时候我突然惊醒，听到她的哭泣声，自己的眼泪也跟着哗哗地流。

日日看到母亲为我伤心憔悴的模样，我实在不忍心在高考前临阵脱逃。

我不停地告诉自己：不管高考结果如何，用自己毕生所学，把卷子填满就好了。

我坐在去往考场的大巴车上，瞥见了窗外母亲期待又担心的眼神，那一刻母亲的期待成了我最后一道自信的光：不管高考这三天如何难熬，我一定要勇敢走下去。

高考结束那天，班里三三两两玩得要好的同学都组织考后狂欢聚会，而我像一个战场上的逃兵，考完就匆忙地回到了家。

很久之后，母亲说："你知道吗？高考那三天，在你面前我不停地鼓励你，其实我的内心无时无刻不在担惊受怕，我好怕你考着考着就突然不考了。"

如果我真的在高考的考场中突然离场，我现在会怎样？

也许会有与现在完全不一样的人生，但是我也绝不会因为没有考上那所二本大学而就此废掉。因为对每个人来说，读书并非唯一的出路。

03

学历终究会变成若有若无的底色。

高考结束后，我的压力一下子散了，在家里无所事事地待了半个月，什么事也没干，只是好好地活着，头顶的那块乌云很快就飘走了。

至今，我也不明白，高考前那两个月的情绪崩溃到底是抑郁还是焦虑，我只知道，压力没有了，我也就好了。

不管高考结果如何，不管考上一所什么样的学校，我好像都可以接受。因为我肯定不会复读，我再也不想经历一次考前的煎熬。

我高考成绩并不理想，考上了一所普通的二本院校，但对于差点放弃高考的我来说，已经算是不幸中的万幸。

当然，一直望女成凤的父亲对我很失望，他可能始终不明白为什么我承受住了高中近三年的压力，却在最后那两个月熬不住了。

他不问我喜欢做什么，就毅然决然地给我填报英语专业，他想让我走一条这样的路途：大学毕业，考教师编制，结婚生子，过稳稳当当的一生。

殊不知，那时的我越来越叛逆，在不断冲突和碰撞下，我选择去做自己想做的事情，拒绝去做那些被迫的事情，并愿意为自己的选择承担相应的结果。

自己选择的人生，真的很苦，也很累。

但谁的人生不苦呢？

直到今天，工作了近10年后，几乎没有人再追问我的学历。曾经把"学历"看得如此之重，重到以为几场考试的成绩就能颠覆人生，重到以为名校的"金字招牌"可以庇佑一生，对现在的我来说，已经都不重要了。

那时候，没有人告诉我们，不必将整个生命的重量都押在高考成绩上。生命自会枝繁叶茂，许多事情的发生不由人的意志来转移。

人生从来不是轨道，而是旷野。

学历固然重要，但是它不能决定一切。

人生拥有各种可能性，进入某所学校并不代表一个人就能得到"更好的人生"，当你进入真正的人生之后就会知道，你需要紧握的火把，从来不由外界点亮，而是由你自己。

高考，就像你人生路上的一座大山，翻越过去，你会看到更广阔的风景，但如果真的失败，也不必绝望，换条路走就可以。重要的是，在翻越这座山时，你从中获得的勇气、爱与力量，将成为照亮你一生的火把。

高考后的那个夏天，是告别，也是开始

✿ 沐小栀

01

高考已经是好几年前的事了，对于高考的记忆，已经模糊不清。但有些人依旧不会忘记，有些事仍然刻骨铭心。

为什么我会记不起高考那段时光，因为太痛苦了，我对痛苦的记忆都有自动遗忘功能，这一点挺好。

明明很努力了，却没有得到一个满意的结果。不过，那些遗憾也已经随着时间的流逝而慢慢释然了。

记忆中高三的那个夏天，很安静又很燥热。

安静的是大家都在默默地写着一张又一张试卷，燥热的是天气。而浮躁不安是人心，突如其来的烦闷和莫名其妙的躁动，是当时同学们的常态。似乎每个人都在努力自我调节，找到自己最好的状态。就连那些平时看起来吊儿郎当的人，也开始正经学习起来了。

老师一遍又一遍地强调高考的重要性，说着那些高考改变命运的话，甚至撒了个谎，说熬过高考就轻松了，考上大学就轻松了。

后来，我才发现高中生活简直就是"天堂"。

多年后才醒悟，当初觉得自己已经很努力了，其实还可以再努力些。

高考所受的那些苦，对于人生中的众多经历来说，真的不算什么。

02

记忆拉回到现在，我觉得我是幸运的。

分别并不可怕，
有些离开是为了更
好的遇见。

没有高学历和家庭背景的我，却拥有着一份稳定踏实的工作。

做着自己喜欢的事，比如正在写的这篇文章。

更让我觉得幸运的是，高三时的两个同桌如今和我在同一个单位上班。我们每天可以一起吃早饭、午饭、晚饭，放假的时候可以一起出去玩。虽然其中一人已经结婚生子，但是我们的那份情谊一直在。

而高三时的班主任，现在也成了我为数不多朋友中的一个。

有的同学，如今也成了高三班主任，再次讨论那些数学题时，已换了个身份。

很神奇吧，原本以为毕业后就再也不见的人，最后兜兜转转还会遇见。

而那些在同一座城市、当初关系也还不错的人，却再也没有了联系。

分别并不可怕，有些离开是为了更好的遇见。

03

高考，是一种结束，也是一种开始。

因为下一个夏天，教室里坐满了人，却不再是我们。

那段时光被停留在了过去，那段时光也已经结束。但这也不过我们人生中一段特殊的经历，未来还有很长一段路要走。

这趟列车到站了，它还会去接另一批人，而你转身又上了另一趟列车。

你所认为的终点，其实也是起点。

这一路上，好的坏的都是风景，加油！

站在时光里，唱一首青春的歌

这是高三生活里我最喜欢的时光，树影掠过身体，阳光打在脸上，我们喘着粗气，脸上大汗淋漓，脚步不停，仿佛前面的路没有尽头。

✿ 花落夏

我上高三那年，学习生活不太顺利。从高二楼搬到高三楼不到一个月，我就生了场大病，回家休养了一个星期后回到学校，一堆白花花的试卷像秋天的落叶一般纷纷扬扬地厚厚地铺在我的桌子上，看得让人心塞又慌乱。

同桌有些同情地指了指最上面的一张，小声地说："你先写这张吧，下午上课老师要对答案。"

我迟钝地点了点头，终于还是收拾好心情放下书包投入这一场"混战"之中。

高三不同以往，落下了一周的课程后，本就基础薄弱的我能明显感觉到自己在上课时想跟上老师的节奏有些费力，一道题还没搞懂，下一道题老师已经讲完了，一节课下来，我忙得满头大汗，笔攥在手里，试卷上一片空白，泪水慢慢累积，在眼眶里打转。

一天的课程结束后，晚上回到宿舍，我感觉自己像是被抽干了力气似的，躺在床上，被子就在脚下却懒得去铺开。

熄灯后，泪水迫不及待地落下来，我从枕头下拿出手机，播放着歌单里唯一的一首歌——《追梦赤子心》。

夜凉月明，伴着歌曲入睡，脸上凉凉的，偶尔意识突然清醒，还能听见耳机里在唱——我想在那里最高的山峰矗立，不在乎它是不是悬崖峭壁。

那时我们课间操要跑步，整个高三排着队，举着写着班级名字的旗，在教学楼外一圈一圈地跑步。班级有人喊口号，广播里周而复始地播放着《追梦赤子心》，我们保持着队形，跟着音乐的节奏和喊口号的声音统一抬起左脚，落下，然后再换右脚，队列中发出整齐的脚步声。

我们穿过树影，闻着花香，没有人喊累，更没有人停下。偶尔高兴了，班级里还会有人跟着广播里一起唱歌，唱到嘶吼处时几乎要喘不过气来，惹得同学们哈哈大笑。这是高三生活里我最喜欢的时光，树影掠过身体，阳光打在脸上，我们喘着粗气，脸上大汗淋漓，脚步不停，仿佛前面的路没有尽头。

不仅如此，每周班会课，班主任在大屏幕上给我们播放的很多国内高等院校的招生宣传片和鼓励高三学生拼搏的视频，大多也用《追梦赤子心》这首歌作为背景音乐。歌曲回荡在教室的每个角落，视频里有人咬牙坚持，有人痛哭流涕，音乐到了高潮处，他们再次投身于书山题海中，汗水化成了青春里最美妙的乐章。

虽然病未痊愈，每个月还要趁着月假去市里复查，回来就拎着一大包五颜六色的药，但时间长了以后我没那么多的抱怨和心酸了，总该为青春留下一些往后值得回忆和骄傲的过往吧，那样才算是不愧对

自己和曾经奔跑的时光。

这样想着，我开始变得乐观，对待成绩单上并不稳定的分数也不再难过和焦虑，而是静下心来分析原因，然后做出相应的努力和调整。

累固然是累的，偶尔困意来袭，在餐厅排队等着打饭的时候我都能下巴枕着空气睡着。有时晚上做题做到烦躁时，我就掏出手机，继续循环往复地听着歌单里唯一的那首歌。

高考出成绩那天晚上，我很紧张，隔着房门能听见爸爸妈妈急促的脚步声在客厅来回走动。心里像是爬上了亿万只蚂蚁，分外难挨。拿起手机，歌单里新添加了很多歌，我翻到底，找到《追梦赤子心》，播放。

仿佛曾经流着泪水咬牙坚持的时光都见到了光，成了我此刻内心的底气，让我变得自信起来。

夜里，分数查到了，我迎着夜色哽咽着喊出了声，爸爸妈妈闻声进屋，我冲过去紧紧地抱住了他们。

时间过去了很久，如今回想那年高三，我想到的是炙热的天气，高高摞起的课本，传来传去的试卷，抬起来又沉下去的头，略显疲惫却明媚的笑脸，肆意又滚烫的青春和一首贯穿我青春始终，怎么唱也唱不完的歌。

那些年
我们
拼过的高考

✿ 肥猫正传

听从你心，无问西东。

01

大学寒假刚回家，就接到高中班主任打来的电话，想让我下午回母校，向现在高三的学弟学妹讲讲自己高考三年来的学习心得。

我会心一笑，觉得这只不过是老生常谈，便不假思索地提起笔列出来了发言提纲。

下午来到学校的高三楼，看到大家都在埋首苦读，直到我走进教室，他们才抬起头来，霎时间掌声如潮。

简单的自我介绍后，本想照着提纲说些套话。

但当我站在讲台上时，那一双双眼睛都那么热切地看向我，仿佛他们特别想知道，当初的我在高考的最后关头是怎么熬过来的。

看着台下那一张张洋溢着青春气息的面孔，看着那堆成山似的书，我想起了一年前同样在这个教室里奋力拼搏的自己。

那些回不去的日子像潮水一样涌上心头，我努力遏制住内心的波动，放下了手中的稿子，把我的高三经历向他们娓娓道来，那么真实而难忘。

许久之后，我说："请相信，没有什么能阻碍你的盛放。"

说完，我长舒一口气，像讲了很久的故事一样，不知不觉中，我早已眼含热泪。

02

是的，故事的主人公是我，那些日子像深深烙印在我的生命里，任凭岁月流逝，也无法抹去。

在学霸云集的重点高中，我不够漂亮，也不够聪明，渺小如枯草，好像永远没有出头之日。

可是，梦想还是要有的，万一实现了呢？

于是，我战战兢兢地把Ａ大的名字写在班级的许愿墙上，没有署名。

一轮复习，在大家都争先恐后地刷题时，基础知识薄弱的我没有跟风，而是跑遍了学校周围的书店，买来了一堆基础知识复习资料。

03

我整日拿着五颜六色的笔在资料上写写画画，我不知道自己用了多少记号笔，我只知道，整本书最后被我写得密密麻麻，这种成就感，一直激励着我，让我知道自己也可以做得这么好。

二轮复习如期而至，面对整整十八页的理综试卷，我绝望了。

没有人知道我的第一次理综测试是哭着做完的，当结束铃声响起，我的卷子还有大面积空白，收卷的男生不屑地看了我一眼，那一刻，我觉得所有的委屈一下子涌了上来。

我跑向操场，晚风拂过脸颊，冰凉的触感渐渐消去了我心头的不快，回想起老师曾赠予我的那句"天道酬勤，功不唐捐"，

我满血复活。

04

为了远离喧闹，换座位时我主动选择坐在后排的窗边。自此，我上课在刷题，下课也在刷题，连午睡时间我也用来刷题。

班上的同学都很惊奇，我竟然选择坐在没人喜欢的角落处，更惊奇的是，我竟然可以做到一整天埋头刷题。

就这样，我在他们或钦佩或嘲讽的目光中向着梦想的方向，野蛮生长。

具体刷过多少套试卷我也不知道，我只知道，书店的卷子被我做了个遍。

三轮复习便是无穷无尽的考试，刚考完一场，还没来得及分析自己成绩，下一场考试就开始了。

每个人都被考试弄得头晕目眩，昏昏欲睡。

05

在一轮二轮三轮的连续攻击下，我终于意识到自己撑不住了。

在一次考试成绩出来后，我被叫到办公室，班主任推了下眼镜，用敏锐的眼神打量着我，问我为什么这次考得这么差。

我看着他的眼睛，一字一句地说："因为我不想考试了，不想做题了。"他皱了下眉头，似乎被我的回答惊到了："离高

考还有一周，你自己调整好状态吧。"

拖着疲惫的身躯，我回到了班里。明明办公室离班级那么近，我却觉得自己像走了一个世纪一样。

我决定放下刷题的念头，潜下心来回忆老师讲过的每一个知识点，与此同时，有一种淡淡的喜悦在我心中蔓延开来，那是因为——学校的栀子花开了。

栀子花沁人心脾的清香和书的油墨香混杂在一起，构成了属于我的那个季节的独特记忆。

是的，谁都不知道自己高考会考得如何。

我只知道，尽管看考场的那个下午是烈日当空，但我的心情却异常平静。

06

最终的成绩虽然不太尽如人意，我也没能去成 A 大，但还是考上了距离 A 大很近的一所大学，时不时都可以去 A 大转转。

同学聚会，和大家谈笑风生时，他们都说，真的没想到我能考上现在的大学，即使它不如 A 大，却也是很多人都难以企及的学府。

我微微一笑，只是觉得这一刻我等了很久。

回忆起这段珍贵的时光，我最感谢的人是自己。庆幸自己抛开了旁人的目光，努力守护着心中的向往。

是的，不上早自习也要早起去背书的人是我，背单词背到想吐的人是我，一有时间就去书店找卷子的人是我，一边听课一边刷题的人还是我。

倘若你问，你每天都这样不累吗？我当然累。

数学遇到瓶颈时我把自己关在家里两天没有去上学，英语出问题时我差点把单词本扔出窗外，理综拿不到分时我去找班主任哭了整整一天。

那种崩溃和绝望，曾经一度折磨着我。

可有句话叫"梦想使生活可以忍受"，每次想想 A 大，都觉得自己再苦也是值得的。

07

时间飞逝，如今正值三月草长莺飞的季节，走在如今校园的樱花大道上，想起余光中的"正是樱花当令的季节，樱花盛放如十里锦绣"，便觉得历经甘苦后，人世间的一切都是美好的。

正如《无问西东》中说："愿你在被打击时，记起你的珍贵，抵抗恶意，愿你在迷茫时，坚信你的珍贵，爱你所爱，行你所行，听从你心，无问西东。"

愿你也相信珍贵的自己，因为，没有什么能阻碍你的盛放。

这一路走来，我曾无数次在深夜里蒙头大哭，也曾在清晨望着远方怅然若失。但好在，我坚持了下来，我想，这本身就是一种胜利。

回首高三，才发现坚持便已是一种胜利

✳ 北极星

那一年，夏日炎炎，我却仿佛置身于南极冰层的一尾鱼。脆弱的尾部不停地撞击冰面，却难以让冰层破裂一丝一毫，晃动的鱼尾逐渐疲累，缓缓停下。

"复读吧，不要犹豫了，至少复读后能有一些更好的选择。"

我愣愣地盯着地板，听着妈妈坚决的声音，不由抬起头。那一刻，死水般平静的心底荡起涟漪，我不仅看到了母亲疲惫不带一丝血色的脸颊以及两鬓醒目刺眼的白发，更注意到那双虽布满红血丝但坚定的双眼。

这一年高考，我落榜了，没有进入重本线，也就没有更多好的选择。

我不会去讲述一个低谷逆袭的故事，因为我只是一个普普通通、成绩不上不下，在班里最容易被忽视的高三中等生。老老实实努力地完成作业，按部就班认真地做完每一次周考、月考、期中、期末考卷。坚持是我的高三生活不变的底色和亮色。

故事的开始，破碎的结局

在我们学校的文尖班，似乎"985""211"大学在他们眼里都唾手可得，板报墙上也贴着一个个看似"不知天高地厚"的理想大学。在这样的环境里，我萌生了自己大概率会考到省外名校的天真想法。面对高考，不仅没有惧怕的情绪，反而有种初生牛犊不怕虎的孤勇。

闷热的夏日，狭窄的空间，汗臭时刻萦绕在鼻尖。临近高考，各科老师轮番加油打气，时不时给我们带来点"小甜头"，或皱巴巴的干柠檬片，或五彩斑斓的棒棒糖，或指头大小的巧克力……直到上场前，我依然觉得高考似乎没什么大不了的，考上一本也是理所当然的事。

然而，事实并非如此……

考场上，我为数学题抓耳挠腮、毫无头绪，手中的笔迟迟无法写出更多的公式。那时候，我开始怀疑自己，觉得高考题好难，做题的手感与平时天差地别。

考试结束，分数线陆续公布后，我不禁感慨今年的文科分数线破纪录了。此时的我年少不知愁滋味，有一种迷之自信，毫无危机感。

成绩出来后，我有点吃惊，这才意识到自己处于一个危险的边缘。我呆呆地坐在电脑前，父母突然间的沉默，安静在这个不大的空间里慢慢扩散。与此形成鲜明对比的是，QQ消息频闪，仿佛昭示着网线另一头的人激动、难以自抑的心情。

沉默是我应急的表现，像兔子般警觉。"天塌下来"的感觉尚未出现，只是觉得自己颤颤巍巍地站在风口，摇摇晃晃。

但是，每一天都有不同的人询问我的成绩。八竿子打不着的亲戚，久不联系的朋友，仅仅是点头之交的邻居，甚至路上遇到的偶然搭话的陌生人，都不约而同地讨论起高考成绩。我仿佛被一只从远处袭来的老鹰一翅膀扇下悬崖，不停地坠落……

久而久之，在众多可惜的眼神和磕磕巴巴的安慰中，我希望自己能穿着隐身衣，降低存在感，自卑悄悄如影随形。

黎明前的挣扎，无望的等待

确定要复读后，妈妈带着我一家一家找房租，因为一楼潮湿容易生霉，我们找了一间四楼的房间。就这样，我在学校附近租下房子，开启了复读生活。

复读的日子并不美好，沉重而压抑，甚至可以说是绝望，黎明前的无尽等待耗尽了很多人的耐心。

日复一日刷到能背出答案的数学题，来来回回不知道背了多少遍的四本政治书，由于不停翻阅而变得破旧不堪的历史书，无一不见证了这一段机械而又麻木的高中时光。

长时间的备战高考让每个同学都像将爆未爆的炸药桶，一句话都能激起火花，来一场口角。甚至老师一句意味不明、指向模糊的怀疑"谁知道第一名是不是自己考的"都能让同班男生拍桌而起，踹开椅子，像喘着粗气的公牛直冲办公室要找老师谈人生。周围人听到这么大的动静，忍不住抖了抖，扭头纷纷望向发声处，接着又东张西望，与前后左右窃窃私语，企图了解事情的起因。

我看过同桌突然爆发，跑到隔壁班主任的小办公室，站在窗前，双手紧紧抓住窗户铁栏杆疯狂摇晃，脸紧紧挤在栏杆缝隙里，表情狰狞迷乱地大喊着："我想回家，我想放假，我不想读了。"

那个场面很滑稽，可是看着看着，笑着笑着，眼眶就不由自主地红了，垂下头，泪珠像断了线的珍珠颗颗往下掉。

我还无数次听到在厕所最末尾的隔间和教室的角落里传来的呜咽声，声声入耳，平添几多伤感。万般情绪在心里流转，万般念头在脑海里闪过，终究也只能咬咬牙，翻开书，拿出错题本，继续一道一道地啃数学题。

高考的后半段，哭成为一件很奢侈的事情。我生怕哭出来后心房一松，再也坚持不下去。书翻了一遍又一遍，错题做了一遍又一遍，依然觉得心中慌乱，麻木下的焦灼如烈火般炙烤着自己。

妈妈常常报喜不报忧，试图让我轻松些。其实我知道她和我一样在受着"折磨"。每天早晨睁眼就赶去市场买菜，上班忙碌了一天，下班后又连忙赶回家给我煲汤。匆匆扒几口饭，就揣着暖汤去追赶公交车，来到学校静候我晚自修下课。

高考结束后，爸爸才告诉我。曾经有一天，妈妈在他面前崩溃地哭着说自己快撑不住了，哭完后又擦擦眼泪，站起身，说"再坚持一下，还有一两个月就结束了"。

那一年，家里的每一个人都在苦苦地坚持着。

苦与甜，自有一番滋味在心头

寒冬远去，冰层渐薄。又一年的努力，并没有获得令人惊艳的成绩，我的成绩只是"恰到好处"，刚刚跨过文科一本线。

但那一刻，我仿佛听到这个家的墙壁都传来松了一口气的长叹声。

这一路走来，我曾无数次在深夜里蒙头大哭，也曾在清晨望着远方怅然若失。但好在，我坚持了下来，我想，这本身就是一种胜利。

现实中才有
最好的我们

✳ 橙汁

高三下半年进入备战高考最紧张的阶段，我看着自己依旧没有起色的成绩，心情一天天沉入谷底。

那时整个教室的学生每天都伏在桌子上，机械地拿着笔做着各种题目。翻书声和笔纸摩擦声交织在一起，形成一张巨大的网束缚得我动弹不得。

第一次全市高考模拟成绩出来后，我站在公布栏那里呆呆地看着，大脑一片空白。耳边有考得不错的同学的欢呼声，也有成绩不理想的同学的叹气声。

我这次的成绩还是处于中等，几乎没有浮动。

我的心突然很难过，本以为尽了最大的努力，最终还是湮没于普通之中。仿佛拼尽全力向湖心扔了一颗石子，却没有激起一点浪花。

我没有任何办法宣泄，只能每天傍晚沿着操场一圈又一圈地走。广播放着温柔恬静的音乐，学弟们无拘无束地打着篮球。

听着校园里的欢声笑语，我才感到轻松一些。这和教室里的压抑沉闷氛围比起来，简直是两个世界。

因为临近高考，父母经常打电话询问我近来的状况，或是跟我商量将来要报考的学校。

小时候的我成绩优异，他们便理所应当地以为现在我依然如此。背负着双亲的期望，我无数次在电话里故作轻松，却在放下电话后泪流满面。

"你表哥去年还考了五百多分呢，你比他强多了，肯定没问题。"妈妈经常这么说，因为她心中的我聪明乖巧，不需要担心成绩。实际上，我长期在班级中处于中游。我有时候也会问自己：为什么就达不到爸爸妈妈的期望呢？

那段时间每天都是雾蒙蒙的。我没能达到自己的期望，没能达到父母的期望，每天随大流地做试卷翻书本，不知道什么时候才是尽头。

抛去无用的多愁善感，在平凡的生活中做最好的自己，那是我 18 岁时唯一的愿望。

虽然处于最朝气蓬勃的年纪，总是向往着轰轰烈烈的人生和精彩纷呈的青春，但是当努力过后仍挣扎在平凡中时，我便陷入了无尽的沮丧之中。

班上的同学开始看励志杂志，大多是"高三学子如何高考逆袭""如何安排剩下的学习时间"之类的文章。我借来一本，每每看完后也会热血沸腾，然后学着制订学习计划。可惜坚持不了多久，热情退去后只剩下更加虚无的迷茫。我接着继续看更加励志的故事，再次燃起斗志去模仿主人公，想着高考结束后也要写一个属于自己的逆袭故事。如此反复，整个班级的大多数人，包括我，都陷入这个死循环中。

唯有我们班的第一名，那个剪学生头、戴眼镜的女生，她叫小钰，每天都将自己的时间安排得井井有条，成绩稳居第一。小钰从来不看励志杂志，到了时间就复习固定的科目。

自从高三开始，我便一直注意着她，因为她有我没有的很多东西，比如成绩，比如一手好字。最重要的是，我们这个年龄段的孩子总是沉浸在青春期的忧伤中，每天胡思乱想，小钰却没有这样的烦恼，她不会伤春悲秋，只是按部就班地学习和生活。

"有这个时间看'毒鸡汤'，不如多做几道题。"当我问起时，小钰如是回答。我这才恍然大悟——看励志故事，只是我们逃避现实的一种方式罢了。以为这样既激励了自己，又有可能像故事里的人那样成功。而现实是，看完之后除了感慨什么都没有剩下。

我们终究不是故事的主人公，平凡的外表，普通的成绩，内向的性格，这些才是我们原本的面目。

我渐渐不再看此类"鸡汤文"，每天把时间安排得更加紧凑。早上大声背诗词古文，课间争分夺秒解一两道数学题。这样忙碌而又充实的生活，果然减少了胡思乱想的频率。

"英语提高20分。""数学提高10分。"这样诸如此类的想法渐渐从我的脑海中消失，继而换成了我要拿到所有我本能拿到的分数。抱着这样的想法，肩上的沉重感少了许多。

日子一天天过去，偶然间翻看日历，才发现半个月后是我18岁生日。

那一瞬间我百感交集，十几天后我便是一个成年人了，我再也不是以前那个可以撒娇的孩子了，而是要为未来和生活努力的大人了。

距离高考的时间越来越近，我的心情反而越来越明朗。

有时看到早起镜子中满脸疲惫的自己，还会不自觉欣慰地扬起嘴角。因为我正在尽最大的努力，去成为那个最好的自己。

18岁生日那天，我买了个小蛋糕，许愿18岁后的自己不再迷惘，坚定勇敢，迈向未来。之后，我又投入日复一日的备考中，看着渐渐堆高的试卷成就感满满。

正值青春期的我们，总是内心敏感多愁，常常会为了许多小事陷入无尽的忧伤之中。有时是因为没有"班花"漂亮的脸蛋，有时是因为没有某个同学优渥的家境……年轻的我们没有办法消除这些敏感和悲伤，因为这是每个人青春的必经之路。

然而沉浸在伤感中并不会改变什么，唯有拨开这些迷雾，才能在普通的生活中做好自己，才能在平凡的世界中找到亮点。可能是发现路边盛开的小花，可能是偶尔被老师赞扬一声，点滴的小美好足够汇聚成灿烂的星河，为我们的青春添上浓墨重彩的一笔。

最后三天，我们班又恢复了以往打打闹闹的氛围。大家放下课本和习题，全身心放松下来，畅谈未来。这时候我才发现，原来大家都一样，经历了一段莫名其妙的伤感后，心情已豁然开朗。

我很庆幸高考前的我走出了迷茫，以足够轻松的心态去迎接高考。高考最后的结果，就是我平时成绩的样子，不高不低。并没有逆袭的精彩，更没有名落孙山的沮丧。这是最普通的结果，对我来说也是最好的结果。

现在我看着曾经的毕业照，看着同学们五花八门的留言，总是会回忆起那段时间经历过的苦痛和迷茫。

曾经的我一度卑微到尘埃里，敏感的神经一下一下被生活的种种刺痛。彼时，总以为自己看透了这无趣的生活，其实不过是将自己困在一片乌云中自怜自哀罢了。

青春期的迷茫和忧伤，说大不大，说小不小。

曾经的我们，总是觉得自己处在一片深海中，被悲伤的潮水困住呼吸。等拼命挣扎着浮出水面时，才发现眼前是豁然开朗的天地。

曾经的我们，总是手持一把忧伤的小伞，终日以为自己行走在阴天小雨之下。当放下这把伞，才发现天空早已放晴，远方的风光正好，时光正好。

抛去无用的多愁善感，在平凡的生活中做最好的自己，那是我18岁时唯一的愿望。那么，你呢？

你所做的坚持，本身就是一场胜利

❋ 绿河

高考，它只能决定你去什么样的地方，认识什么样的人，它不能决定你会成为什么样的人，所以你要一直努力，一直向前。

1

高三的你，还好吗？最近吃得怎么样？情绪如何？有和同学、父母、朋友吵架吗？放松过吗？没有去看电视剧、看小说呢？

如果你是一个即将参加高考的孩子，我一定要批评你，为什么要拿起手机，怎么还不去复习？如果你是一个即将参加高考的孩子，我也一定会拥抱你，我要告诉你，请你不要放弃，再坚持几天就好。

高考结束后你一定要去旅行；高考结束后你一定要去唱歌；高考结束后你一定要去网吧打游戏；高考结束后你一定要跟喜欢的人表白；高考结束后你一定要把没

有追完的剧全都追完；高考结束后你一定要睡他个三天三夜……

如果你现在情绪低落，有些许的紧张；如果你现在很烦躁，什么也学不进去；如果你现在觉得自己很失败，什么也不想做；如果你压力大到走在路上莫名地想哭，没关系，这些都是正常的。

被高考压着的人，都是这样，敏感、

143

自卑、胆小。找个安静的下午吧，去听听歌，歇一歇，想想目标，想想梦想，想想这一年里所有奋斗的时刻。然后重新拿起笔开始做题吧，能坚持到最后的人，都是最棒的。

2

读高中的时候我很羡慕小宽，总是希望自己有一天可以同她一样。

小宽是从高二开始成为学霸的，然后就拿下了所有考试年级第一的桂冠。她是所有家长口中的别人家的孩子，她是所有老师口中的小老师，她是所有同学眼中的万年第一。

高三的时候，为了备战高考，所有人都在奋斗，那个时候我经常去办公室问老师题，每一次去都能碰到她。她在给英语老师背作文，她把秒表递给老师，希望老师帮她看一下时间，并帮她挑挑错误；她在跟数学老师讨论，这个公式是如何推导出来的，会推导背起来才容易；她在语文老师的桌前默写古诗、文言文；她在帮化学老师批卷子，她说看得遍数多了，记得牢；她拿着物理老师的模型电路，拆了又装，装了又拆。从来没有老师主动找过她，她都是自己想，自己做，一直在默默地努力。

有一次模拟考试的时候，她生病了，发烧，呕吐，我在厕所里碰见她的时候，她脸色苍白，我同她讲："要不你请假回家吧，身体才是革命本钱。"

她拼命地摇头："我可以，我能考完，也能考好。"

她泪眼模糊，嗓音沙哑，她固执地坚持考试，她想要战胜自己，她不想有一刻松懈，她不想停止努力。

她要我陪她去操场走一走，阳光很刺眼，她面对着太阳闭着眼睛，好像要把太阳的力量全部吸到自己身上。

她的眼角还有泪水，她偷偷地告诉我说："你知道我为什么不想请假回家吗？"

我摇头，她说："因为我怕，我怕自己坚持不到最后，放弃这种事，有了第一次，就停不下来了。"

我没有再说什么，因为我放弃了很多，不想做的题放弃，不想背的单词、古诗放弃，其实能放弃的太多了。

那时候我和她都是走读生，每天都要坐公交车回家，因为同坐一路公交，所以我们算是相熟。高三每天晚上我都会等她，我们一起背着沉重的书包，走在去公交车站的路上，走这段路的时候应该是她最放松的时候，她会用手机放她最喜欢的歌手周杰伦的歌，她会跟我讲："时间过得真快。"她会同我说："加油！"

她笑起来脸上有两个小小的酒窝，我很喜欢那种笑容，让人觉得特别舒服。我很喜欢从她身上传达出来的能量，让人很想上进。

3

倒计时的数字，一天天变小，不太自

信的考生，也越来越紧张，有些压力怕扛不住，有些期许怕达不到。

慌则乱，不慌不忙，稳扎稳打才是应该有的状态。

很多时候，高三的孩子，不愿意被当成宝，不愿意承载太多的期许，不愿意扛着太大的压力。

我记得我高三的时候，就是每天都被父母当成宝，早晚车接车送，中午送饭，晚上送饭，父母给我买厚厚的练习册，父母给我找有经验的补习老师。

那时的我感觉每天有做不完的题，要永远不停地努力，要对得起所有为了我的高考付出了心血的人。

我妹在一天晚上，说了一句："不就是参加个高考吗？有什么了不起的，一天天总是供着。"

我当时就在想，真的就是这样，高考，没有什么特殊的，只是经历了一次目标最明确的奋斗过程。

进了大学才会明白，看不到未来在哪里，找不到自己喜欢的事，又不想混日子，那种迷茫，那种空虚，那种不想堕落，却停不下来的堕落，有多痛苦。

其实坚持努力到最后的你，就是最好的答卷。有很多时候我们觉得压力大，是因为太过于在乎结果，太害怕失去了。

4

进入大学后，我碰到了很多高考失败、报考失败的人，他们身上都有一个特点，他们很用力地想把大学生活过得丰富多彩，他们看起来比谁都忙碌，他们忙的时候也都很快乐。

有一个朋友，高考失利，哭了一整个假期，到了大学，她参加了各种比赛，跟着社团去敬老院，去幼儿园，去小学，她读很多书，也认识了很多志同道合、比她优秀的人，她没有忘记因为紧张，因为不够努力，而失败的高考。

在辩论赛中让对手无法反驳；在校园广播里听到她的名字，她的声音；她的身影穿梭在各种演讲比赛中。

这过程中她也经历了很多次失败，但是不重要，重要的是那股一直上进的拼劲。

一个努力的人身上有着独特的魅力。

还有一个学长，同样高考失败，在大学，他自学了想学的东西，考下了各种证书，然后还创业了，现在他的创业团队很优秀，他的创业项目也很成功。

我说这些，并不是想告诉你，高考失败了，也无所谓。我想告诉你，对于高考这件事情，你要竭尽全力，不要太在乎结果。

高考，它只能决定你去什么样的地方，认识什么样的人，它不能决定你会成为什么样的人，所以你要一直努力，一直向前。

高考是一场和自己的战争，打败脆弱的自己，打败不肯坚持的自己，打败不自律的自己，成为更优秀的自己。

✳ 怀左

一个
两次高考
都失败的人

记得高二的时候，亲戚朋友问我以后想考什么样的大学，我总是这样回答，那必定是"985""211"高校，现在还没想好，到时候再选。

那年的我，春风得意马蹄疾，背个单肩小破包，但心里装的是天下。

第一次高考失败，门庭冷落鞍马稀；第二次高考失败，断肠人在天涯。

幸亏没有第三次，不然到现在，就是十年生死两茫茫。

前两天我在看路遥的《人生》，书里高加林最后丢了工作，往村里走的那段场景，我真的太熟悉了。

读的时候，我甚至能想到他不想回去但又不得不回去的难受，不想遇到人但一到村口就有人打招呼的尴尬。

有一段时间我都自闭了，不想出门，不想见人，感觉脸被扇肿了，可以说是毁容了。不过这都是当时的想法，现在看来，人家也就说笑一下，哪有心思天天管你。好坏都是暂时的，自己家的事还处理不完。

聊聊我为什么两次都考不好吧。

脑子不行，外加我上高中的时候一直在想这些问题：学这些知识有什么用？每天刷这么多题到底对我的未来有多大帮助？

这些问题就像咒语一样，每天在我的脑子里盘旋。

琢磨了很长一段时间，最后我觉得学习没什么用。我这人比较轴，胆子也大，从那之后，我就开始逃课，即便在教室里坐着，也会走神，老师讲老师的，我想我的，下课就把卷子往垃圾桶一扔。

我妈后来知道了我的情况，她痛心疾首地骂我："花钱送你去读书，你每天在做些什么？"

抛弃过去唯分数论的狭窄框架，打破僵化思维，解放个人热情和生产力，才能把我们个人的潜力，激发出来。

其实我也没浪费时间，一直在思考，甚至有点哲学的味道，不过这没法和她说，说了她也不会懂。

如果放在今天去看的话，就认知层面来讲，学的那点东西确实没什么大用。

高考的作用，本身就不是培养，而是筛选。

优质资源永远是稀缺的，这才是这个世界的真理。

这是我后来才明白的道理，可惜当时的我只想明白了上半句，后面的我没想明白。讲到这里，你感觉整个叙述还算比较有趣是吧，但有趣的背后是无数失意和难过堆出来的。那些日子，我都在熬。

现在能笑着说出来，是因为我早就放下了。

就像孙悟空后面跟着唐僧去取经，被压在五指山下五百年的苦他忘了吗？

没忘，他只是放下了。

当时我执着于高考前能学到多少有意思的东西，却不知道，其实高考后才是真正有意思的开始。

算了，生活不是电视剧，看了上集还是猜不到下集。

上了大学之后，我的好日子就来了。

前面我有多颓废，后面我就有多潇洒。真的，我找到了那种"鱼入大海"的感觉。因为在大学里，没人管我，考试也没那么重要，一个陌生的城市，爸妈也不在身边，简直是自由的天堂。

于是，我开始践行两年前的想法——追求"有意思"。

我还是觉得上课没意思，最有意思的事情，对当时的我来讲，就是读书。我这个人内驱力很强，生活不需要别人安排，会自己琢磨事，认定的事情会尽全力去做。

军训一结束，我就开始了四年的读书之旅。每天早上六点起床，洗漱出发，吃饭看书，白天只要有时间，就去空教室或者图书馆看书。其实我那时看书也没啥章法，反正图书馆的书也不要钱，顺我眼的，就拿起来看，不顺眼的就放下。

这事我妈就理解不了，她觉得我看一天书，非常辛苦，其实她不知道，我看一天书，十分享受。

那是真的享受，看书的时候不自觉会一个人大笑，遇到悲伤的情节还会一个人默默流泪，看完书出去，觉得神清气爽，

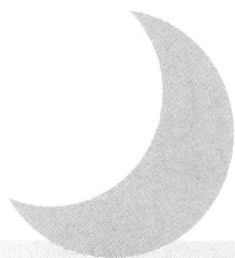

觉得我就是世界上活得最充实的人，甚至想大喊几声。尤其在图书馆靠窗户的位置坐着时，下午夕阳穿过玻璃照在桌上，我抬起头时，满满的幸福感。

就那种感觉，你想象一下，或者你可能会觉得我有点中二。

事实上，我当时活得非常开心，哪怕在很穷的情况下，都觉得自己异常强大。

客观来讲，我和当时身边很多同学的想法不一样。大多数同学想的还是跟着学校的安排走，迎合考试体系，而我想的是，终于可以自由发挥了，简直不要太爽！

我才不要迎合，我要给自己定目标，不达目的不罢休。

其实我定的目标也很简单：每天读书，挤出一切时间读书，争取做学校里读书最多的学生。你看，这是我给自己设置的玩法，而且我有强烈的动力，要做这个游戏里的第一名。

读书多不多不好说，但本科四年，我确实每天都在读书，即便在考试之后，我也会第一时间去图书馆，坐下来安静读书。暑假图书馆闭馆，我每次都提前借许多书，带回家看。

后来的事情，很多老读者都知道。

我一边读书一边写作，大学毕业后去卖书，卖不动了又去考研，考研期间继续写作，签约、出书、赚钱、创业……

回头看，这根本不是一个励志故事。我们总是简单地将有点小跌宕的历程归类为励志或者堕落，然后从中找点精神养料或乐子，而当事人的喜乐悲欢，就成了只有自己知道的边角料。

有没有可以借鉴的地方呢？有，不过还得靠我这个当事人去总结。

我总结了几个点：

1. 要有独立意识和质疑精神；

2. 分析情况，找到属于自己的目标和打法，不要只是被动随大流；

3. 顺着自己的爱好和兴趣走，将热情发挥到极致；

4. 不断深化和拓展优势，与市场结合，提供产品和服务；

5. 保持可持续的竞争优势。

内容看着多，其实串起来非常简单，就是找到适合自己的路，聚焦目标去学本事，和市场对接，然后持续发展。

再精简一下，就是：发现需求，并满足需求。

我强调的不是读书就一定好，写作一定要学，这是具体的事情；我强调的是思维方式和做事的方法。

当学生的时候，你会觉得世界的运行逻辑就是考试拿高分，然后获得荣誉。可进入社会之后你会发现，这一套只适用于学校。

还拿孙悟空举例子，我相信五百年前，他怎么也不会想到，未来有一天会陪一个和尚去西天取经。

同样的道理，猪八戒当天蓬元帅的时候，更不会想到未来他会投猪胎，陪一个和尚去西天取经。

不过后来他们也想明白了，悟空打妖怪，八戒哄唐僧。

各司其职，各自发挥长处，尽管做的事情不一样，但他们都有美好的明天。

所以你看，大家擅长的不一样，做事的方式方法也不一样，但目的都差不多——有一个美好的明天。

前两天表妹来我家玩，吃饭时说的话，让我觉得她看得挺明白的。她今年大一，在学校里的联通营业厅做兼职，一个月可以拿五千元，她说她不把自己当学生看，一边学习一边赚钱，多实践多赚钱，培养真本事。

她怎么做的呢？

刚开始是推销同学办卡，别人不敢推销，但她放得开，见一个人就推销一下，一个教室挨一个教室、一个宿舍挨一个宿舍去推销，结果她一个人办的卡，超过了其他所有人。然后她就成了领班，管着几十个人，可以拿抽成。

很多人困于脸皮，但她不纠结于此，就能快速把事做成。

想清楚目的，把事情做成，这点很重要。

不是别人做什么咱就做什么，而是咱提前找到自己要做的事情，然后在一次次操练中获得成长。

你看，读大学的玩法有很多，但我觉得最不可取的，就是完全随大流，没自己的想法。

抛弃过去唯分数论的狭窄框架，打破僵化思维，解放个人热情和生产力，才能把我们个人的潜力，激发出来。

回头看过去成功的改革，说白了，人还是那么些人，核心就是重新设置玩法，激发人的动力，解放生产力。

所以上大学后，不管过去的成绩如何，过去的已经过去了，未来的路，才刚刚开始。我们应该做的，是别纠结，重新理解这个世界，重新设定标准和玩法，只有这样，才能发挥出我们每个人的潜力。

如果高考失利这件事已经把你打趴下了，那就真的，太可惜了。

那年的校服，裹着我曾经的青春

✽ 温特

自从高考毕业之后，那件校服就被我整整齐齐地摆放在柜子的角落里，黑暗如同一层厚布重重地笼罩在它的上面。

距离高考结束已有些时日，那时在家换的新被子已经藏了些许污垢，是时候换下被子了。打开柜子取被子的时候，那件单薄的校服竟不小心被被子带了出来，顺势掉在地上。我一怔，看向散开的校服，上面有着淡淡的霉菌，但各科老师写的花样祝福依旧耀眼。

我试着问自己，校服相伴的时光是什么样的？是充满青春活力的吗？还是夹杂着情窦初开的美妙故事？在那段日子里，好像都有一点，但主旋律却是单调的、枯燥的。仿佛那件被埋藏在角落里落了层层灰尘的校服，我的校服时光也被蒙上了一层层阴影。

人们形容高考时，很喜欢用"千军万马过独木桥"，而在这之前，我就已经被撞得头破血流。不同于高一就志向远大的学霸，也不同于高三才拼命的黑马，我只是一个在高二便用尽了全力的成绩中等的学生。

摆脱了高一立志要像电视剧里的学生一样在高中谈一场恋爱的幼稚想法，高二那年，我便对学习有了一个详细计划，比如一天记一个单元的单词，半年内记完三千五百个单词，充分利用吃饭排队以及下课的时间等等。

因着这势头，分班之前的高一同学对我刮目相看，分班之后的同学都认定我是一个潜在的"985""211"高校选手，那时的我也这么认为。而生活是充满戏剧性的，很多时刻，你会被它打得措手不及。

高二上学期，我主动担任了纪律委员的职务，不只是想管好班级纪律，更多的是想管好自己，使自己学得更加专心。

在学风不好的班级里，纪律委员是一个拉仇恨的存在，他人不满带来的孤独犹如洪水猛兽般侵蚀了我的心。为了节约时间，我习惯了独来独往，以至于"独来独往"成为我的标签。慢慢地，自卑、胆怯、社交恐惧、敏感、抑郁也接踵而至。心情不好，导致学习也受到干扰，我的学习效率远不如以前，成绩也快速下滑。

> 人生是一个波浪式前进的过程，跌落谷底只要不放弃就会开始上升。

偶然的一次考试彻底警醒了我，我拿着排在班级二十多名的成绩单，泪水就像开了闸的洪水奔涌而出。回想起从前在班级前三徘徊的成绩，我的心口隐隐作痛。

我更加努力地学习，但没有像小说里面的主角一样，自此便开了挂，成绩突飞猛进。相反，那些负面情绪仍像幽灵一般紧紧缠绕着我，打压着我，但好在，我不再沉浸于从前的辉煌，悲痛于如今的成绩，而是抓住那丝微弱的光芒，奋力地缓慢地前进。

人生是一个波浪式前进的过程，跌落谷底只要不放弃就会开始上升。在拼命与负面情绪和难题斗争的过程中，成绩那只小蜗牛终于缓缓向上爬，逐渐稳定在第十名左右了。

至少是中上游了，我时常这样勉励自己。

高中生活是乏味的三点一线，我永远在宿舍、食堂、教室之间奔走。

那时老师让写理想的大学，我思绪万千，最终写下四川大学几个字。而它也成为无数个深夜里救赎我的光，让我穿过枯燥的学习生活，拨开负面情绪的阴霾，朝着目标坚定向前。

无数个日夜，我穿着被无数汗水浸湿的校服，用着替换了无数次笔芯的笔，盖着好几个月未洗的被子，终于迎来了"梅花怒放"的季节。

虽然，最终我的成绩并不尽如人意，也没有被川大录取，只考取了一个普通的一本，但已经是长足的进步了。

说实话，在看到成绩的那一刻我有一点失落，但消化完情绪，再回望自己磕磕绊绊走来的一路，心里涌上来更多的是感激与希望，感激自己在最艰难的时刻咬牙挺了下去，也希望自己能不辜负那时的努力与付出，在大学继续昂扬地走下去。

恍然回过神，虽只是几秒的回想，却仿佛穿越我整整三年的喜怒哀乐。微风从窗口轻轻钻入，如同那年走出考场时的那阵风，和煦又温柔。

我认真地叠好校服，它又回到了衣柜最深的角落。